# 税法学・税務会計論の要点

## ― 租税論をふまえての現代税現象の解明 ―

〔新訂版〕

濵沖典之　編著

五絃舎

# はしがき〔初版〕

　自然科学研究においては，考察結果が普遍的で検証可能であることが求められる。しかし，社会科学研究においては，考察結果は必ずしも普遍的で検証可能であることは求められない。社会科学研究の意味あいは，社会現象を解明し，社会を生き抜く叡智を提供するところにあると考えられる。

　「税法学」においても「税務会計論」においても，現代における社会現象としての「税」現象及び「税務会計」現象を解明することが大事である。

　税にかんする社会現象は課税権者と納税者との関係であり，現行憲法のもとでは，特に納税者の立場での社会を生き抜く叡智のための「税」現象及び「税務会計」現象の解明という視角が大事である。

　解明はまず，税にかかわりのある学問には「租税論」,「税法学」及び「税務会計論」があることの説明からはじめる。

　従来「租税論」,「税法学」と「税務会計論」は独立した学問としてそれぞれ扱われてきた。すなわち経済学の立場での「租税論」,法律学の立場での「税法学」,そして会計学の立場での「税務会計論」として扱われてきた。しかし，特に学習者の理解と納得を効果的・効率的になさしめるためには，税にかんする現象を1つの社会現象として，一体的に，包括的に捉える必要がある。

　なぜなら，租税の本質論は「租税論」にあり，「税法〔法令〕」へと具体化され，「税法学」で考察される。納税者の立場では，所与のものとして税法を受け入れ税負担を受け入れる，「税務会計論」で考察される。ゆえに，たんに「税法学」或は「税務会計論」のみの説明では，学習者の理解と納得を本質的なところで得ることが出来ない。

　大学における「税法学」科目や「税務会計論」科目の教授においても「税法学」そのものや「税務会計論」そのものを説明することでは学び手に納得できる理解を得さしめることはできない。よって，「税法学」或は「税務会計論」の説明には税に対しての，なぜ？どうして？の答えの部分に相当する「租税論」の理解が不可欠となる。すなわち，「租税論」は，いわば「税法学」及び「税務会計論」の土台（基礎）であるから，まずはじめに説明されるべきものである。

　さらに税は為政者による国や地方公共団体への経済財政政策を裏付けするための財源として課される。このことは，税の成り立ちと改正及び運用が政治的な動向によって影響されることを意味している。すなわち，社会現象としての税現象を理解するためには，政治的な要因の理解も不可欠となる。本書では，税現象の解明を行うものである為，ここの部分も可能な限り取り上げて説明している。また社会現象としての税現象の全体像も説明している。これらの説明を行うことによって，税にかんする，学習者のなぜ？どうして？への答えを提示することができるからである。


〔改訂版発刊にあたって〕


　本書の初版は 3 年前の2019年 4 月 5 日に発刊されたが，初版印刷部数が完売されることとなったので，その後の税法改正を織り込み，また内容を見直し，充実を図り改訂版を刊行する運びとなった。

　初版の「はしがき」に記したような構成は税への入門書としては，やはり重要であろう。すなわち国及び地方公共団体といった課税権組織と納税義務を負う国民及び地域住民との，課税・納税関係の理解は，税を取り巻く広い視点での理解が必要である。

　納税者の立場での視点である税務会計論の理解においても，所与としての税法を理解し納得するためには，その国家としての税のあり様を全体的に理解する必要がある。

　また租税法における個別税への理解にしても，その税が成立した時代・経済的・政治的背景及び租税論的理解は欠かすことができない。

　また，国税不服審判所における裁決においても，租税訴訟における裁判官の判決においても，又判例研究においても，つまりは常識で判断されるべきものであるが，ここでの常識とは，その国家における全体としての税のあり様の理解のうえになされるべきである。この意味においても，その国における税のあり様を俯瞰的に捉えて理解しておくことは，思考のベースであり基礎である。

　税への俯瞰的理解が重要であるという視点に立てば，現在，優れていると思われる刊行物が他に2点ある。すなわち，日本税理士会連合会が租税教室用のテキストとして開示している教材（『大学生向け講義用テキスト－標準版－』令和3年5月更新版）と税務大学校での講本として開示している教材（『税法入門　令和3年度版』）である。

　この2つの開示物の章立て（フレームワーク）は，本書の視点と本質的に同じであるように見える。すなわち，社会における税の位置づけを俯瞰的に，広い視点でとらえて説明することが税を理解するためには効果的・効率的であると理解できる章立て（フレームワーク）である。

〔新訂版発刊にあたって〕

　近年，課税は政治権力で強権的に行使されるものであるということが顕著に示された例があった。すなわち，令和4年12月に岸田内閣総理大臣が閣議決定した防衛費増額のための財源として，法人税・所得税・タバコ税の増税を表明したのである。防衛費増額が国家の喫緊の要請であるとの説明を十分に行うことなく個別税の増税を先に示したことは順序が逆であるとの批判を与党内からもうけた。このことは，課税は政治権力を行使して政策実現のために強権的になされることを示唆している。このことはまた，学問としての租税論・租税法・税務会計論の論議よりも政権の判断が現実的には優位性があることの証である。

　しかしながら，であるからと云って学問としての租税論・租税法・税務会計

論を学ぶことは無意味であることにはならない。これらの学問を学ぶことは合理的な課税のありよう，及び国民にとって納得できる納税のありようを学ぶことである。そして徴収された租税が国家・国民のために効果的・効率的に使われているのかのチェックが大事である。課税は個人の財産権を奪うものであるため，我が国を含む民主主義国家においては，課税のありようとその使われ方が国民にとって納得できないのであるならば，選挙において政治権力の交代を求めることになるという仕組みである。

本書は大学での「税法学」及び「税務会計論」科目におけるテキスト仕様である為，これらの内容の要点のみを記すものである。税を広く捉える視点での説明に本書のオリジナリティーを見出すことができるのではあるが，大学におけるテキストとして，また一般的な税への理解のための書物としての有用性は高いと思われる。

また，近年の大学でのテキストには，セメスターの授業実施を前提として，半期15回授業で消化できる適当な内容（分量）が要請されること，及び学生からの本の価格が比較的安価であることの要望がある。本書を刊行するに至った動機の一つには，本としての全体構成もさることながら，これらの要請や要望にマッチした適当な本がなかなか見当たらないことがあった。これらの要請や要望を満たすべく，本書は内容的に全15章（回）相当とし，出版社のご理解とご協力を得て，適当な廉価での定価とさせていただいた。

分担執筆の労をとって下さった共著者の先生方に謝意を表します。

〔初版〕・〔改訂版〕に続きこの〔新訂版〕も日本企業経営学会会員で，税法学・税務会計論領域を専攻する先生方に分担執筆をお願いしました。学会メンバーが本書執筆で協働し，テキストではありますが，一つの成果を生み出したことを嬉しく思うものです。それは，学会というものは参加会員がお互いに研鑽し高めあい，研究・教育での成果を醸成するための組織であるからです。日本企業経営学会が創立されて今年で27年を超えますが，創立当初から我々会員

にご愛情温まるご指導を下さい続けておられる会長西田安慶先生に，この場を
お借りして，厚く御礼申し上げる次第です。

　今回も，株式会社五絃舎 長谷雅春代表取締役社長には，出版に際して多く
の助言を頂きました。厚く御礼申し上げます。

　脱稿まで幾度となく繰り返された推敲後原稿のパソコン入力作業を，いつも
のように，濵沖礼子氏にしていただきました。彼女の労をここに記して謝辞と
させていただきます。

2024（令和6）年4月5日

編著者　濵沖典之　識

# 目　　次

xx

# 略 語・語 彙

### 1．本書で用いている略語は次の法律等を意味する。

憲＝憲法　　民＝民法　商＝商法　商規＝商法施行規則

会＝会社法　会令＝会社法施行令　会規＝会社法施行規則

計規＝会社計算規則　法＝法人税法　法令＝法人税法施行令

法規＝法人税法施行規則　法通＝法人税法基本通達

地法＝地方法人税法　地法令＝地方法人税法施行令

地法規＝地方法人税法施行規則　地法通＝地方法人税法基本通達

所＝所得税法　所令＝所得税法施行令　所規＝所得税法施行規則

所通＝所得税法基本通達　復所＝復興特別所得税

消＝消費税法　消令＝消費税法施行令　消規＝消費税法施行規則

消通＝消費税法基本通達　相＝相続税法　相令＝相続税法施行令

相規＝相続税法施行規則　相通＝相続税法基本通達

相評通＝相続税財産評価に関する基本通達　地＝地方税法

地令＝地方税法施行令　地規＝地方税法施行規則

地通＝地方税法基本通達　措法＝租税特別措置法

措令＝租税特別措置法施行令　措規＝租税特別措置法施行規則

租通＝租税特別措置法基本通達　通＝国税通則法

通令＝国税通則法施行令　通規＝国税通則法施行規則

通通＝国税通則法基本通達　税＝税理士法

＊記載例：例えば（所・9①三イ）と記した場合，所得税法第9条第1項第三号イ
の条文を意味する。

＊本文中において地方税を説明する部分において「都道府県」と表記している個所
がある。これは，「都」と「道府県」を併せた意味である。これは地方税法第1
条第1項第2号で道府県に関する規定は都に準用する旨の規定があるためである。
また，「市区町村」と表記している個所がある。これは，特別区と市区町村を併せ
た意味である。これは同じく地方税法第1条第1項第2号で市区町村に関する規
定は特別区に準用する旨の規定があるためである。

2．本書で用いている略語は次の文献を意味する。

濵沖2015＝濵沖典之編著『税務会計論』五絃舎，2015年。
濵沖2019＝濵沖典之編著『租税法・税務会計論の要点－租税論を踏まえての現代税現象の解明－』五絃舎，2019年。

3．本書で用いている語彙の意味は次のとおりである。

・租　　税：税法を広く捉える意味で，租税論で用いる。
・税　　法：税についての法令の意味で用いる。
・税法学：法律学のなかで，税法について考察する学問の意味で用いる。
・　税　：税金の意味で用いる。

# 第Ⅰ部　租税論，税法学及び税務会計論の基礎概念

# 序

## 1．わが国の現代における税のあり方の確立

　1889（明治22）年に制定された大日本帝国憲法は，欽定憲法であった。租税に関しては，かつての大蔵省内においてそのあり方についての検討がなされたのであるが，それは政府側・課税当局側の立場での検討であり，租税は税務行政の中での税務行政手続として捉えられた。当時は「税法学」科目や「税務会計論」科目を教育組織の教科目として設ける必要性もなかったといっても過言ではないであろうし，租税のあるべき姿の学問的考察が民間で論じることがなかったであろう。

　憲法に先んじること2年前の1887（明治20）年に所得税法が創設されているが，このことは，法律体系の面からも議会の審議を経るという手続きの面からも驚くべきあり得ない事実と捉えても，明治政府の体制確保のための資金の調達は，憲法制定よりも重要であったことを示唆している。

　ポツダム宣言受諾という無条件降伏を受け入れて終結された第二次世界大戦後のわが国は，多くの改革を行ったが，税に対してもポツダム宣言の執行を目的とした連合国軍最高司令官総司令部のもとで旧制度にメスが入れられた。1947（昭和22）年に発布された日本国憲法は，国民を主権者とする憲法であり，ゆえに税に関することは主権者である国民の立場で論じられる必要性が生じることとなった。すなわち税に関する改革作業は，1949（昭和24）年及び1950（昭和25）年のシャウプ使節団日本税制報告書（いわゆるシャウプ勧告）を受けて，国民主権の憲法の下で取り挙げられることになった。ゆえに日本において大学で「税法学」の科目が設けられたのは，日本国憲法が発布され，シャウプ勧

告を受けてからのことであった。

　欽定憲法であった先の大日本帝国憲法下での税法のあり様と，国民主権とする現行の日本国憲法下での税制のあり様は全く異なるものである。現行憲法下での税制のあり様は，憲法が保障する国民の財産権を担保するものであるかどうかという点との調整が必要なものとなる。すなわち政権側の課税要請が国民の立場から見て納得できるものであるのか，という点が最大の論点となる。

　新たな税法研究の内容は，納税者の立場からの税への理解ということで，申告納税における租税実定法がその中心とされてきて今日に至っている。わが国の，納税者からの立場での，「税法学」の研究と教育は戦後の現憲法制定時からのものといえよう。また，税を納税者の立場で捉える「税務会計論」の研究と教育の実質も新憲法が制定されてからのものであり，大学で「税務会計論」科目が設置されたのは昭和30年代からのことである。

　戦後の日本の税のあり様を示す１つのエピソードを示せば次がある。すなわち，戦前は賦課課税であり当局によって税額が決定されたが，シャウプ勧告による申告納税の導入によって，自分の計算で納税額を確定することに大きな喜びを感じた東京の自営業者達が立ち上がり，青色申告を他者へ推奨しようとした会が青色申告会であり，全国に展開され，現代に至ってはその多くが一般社団法人化していることである。

## ２．税の特質

　租税は現代にいたるまで，常に国家（政府）の財政資金確保の観点が重要視されてきた。このような考え方を「国庫主義」と云う。

　税は，課税する側の国及び地方公共団体と納税者としての国民及び都道府県民・市区町村民との関係にある。税に関する問題は，決して，学問上だけの問題ではなく，現実的な税務調査の現場をも想定して論じられるべき問題なのである。いわゆる血税と云われるゆえんである。納税は喜んで進んで行うもの，

と理論的・道義的に説明されたとしても，納税の現場は，徴税側の主張と納税額を可能な限り減額しようとする納税者との対峙である。その多くは，税法の条文の解釈をめぐっての対峙であり，納税者が納得しない場合の行く末は納税者が国や地方公共団体を裁判所に訴えることになる。課税・納税という，相反する現象を納税者が理解し，納得するためには租税の意味あい，課税側の論理及び納税者側の権利の両方を理解することが必要である。税法の理解にしても，納税者としての立場から論じる税務会計の理解にしても，租税とはいかなるものかを論じる租税論の理解があってはじめて可能となる。すなわち税とはいかなるものか，とりわけその時代における国家財政のあり方を論じる租税論の理解の上に各税法の立法趣旨・目的が理解でき，これによって納税者の納税への納得を得ることができよう。

## 3．国家の税と地方の税のあり方

　国家の税と地方の税のあり様を考える時，それぞれの資金を賄うための財源としての税をどのように配分するのかという問題がある。すなわち国政と地方行政の資金を裏付けした権限関係構築の問題である。アメリカのように合州国であるなら，基本的に各州単位で租税を考えればよいが，わが国においては，国がいったん徴収した税を交付金という形で地方に配分する方法と地方税法にもとづき，地方（都道府県・市区町村）に直接徴税権を与える方法がなされている。地方税法自体は国会においてその改正が審議されるが，その税率において基本的に標準税率と制限税率とを設定している。すなわち，地方の税の標準的な税率を国が定め，制限税率の範囲内で適用する税率を地方公共団体の議会で決定させることとしている。

## 4．税への学問的アプローチ

　税を考察する学問を個別に独立したものと捉えての税へのアプローチには，租税論，税法学及び税務会計論がある。

　これらの関係を理解を容易にするために図で示せば図表 序－1のようになる。

図表序－1　税への学問的アプローチ

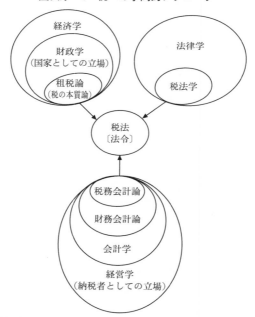

（出所：濵沖2015，89ページ，図表 序－2を一部修正）

＊ここでは個別税法律（法令）を「税法」とし，「税法」に法律学の立場で考察する学問を「税法学」としている。従って，例えば個別税項目（問題）につき「税法学」において是とされても，現実の「税法」において否とされている項目（問題）もあり得るし，この逆もあり得る。

　上の図の説明を以下の第1章から第3章で行う。

# 第1章　租税論における租税への検討

## 1．租税論からのアプローチ

　経済学の分科としての財政学では，国家の歳入及び歳出について考察する。ここで歳入については租税論として考察される。かつて租税原則としてアダム・スミスの4原則（1776年），アドルフ・ワグナーの9原則（1890年）が主張された。租税論での考察の理解によって，国の財政的・経済産業政策的観点からの租税に対する考え方とその必要性，個別の税の組み合わせの必要性等が理解される。租税論では租税はいかにあるべきか，といった税のあり方の本質を考察する学問である。例えば，財政政策における税のビルトインスタビライザ（財政の自動調整機能），財政再建政策と租税，積極財政と租税，マクロ経済政策と租税といった国家経済と財政政策と税のあり方を考慮する。これらは大局的な論点であるが，より絞り込んでの租税論での中心的要点を示せば以下のようになる。

## 2．租税の意義

　租税とは，国または地方公共団体が，その一般的経費を支弁するために，財政権という権力に基づいて，強制的に，国民または地域住民の財産を貨幣で徴収するものである。ここで「一般的経費を支弁する」とは，選挙で選出された国民または地域住民の代表に国或いは地方公共団体の財政支出を一括して委託することを意味する。

## 3．課税の根拠

　課税の根拠には，公需説・利益説・保険料説・義務説があるが，通説は義務説である。

　義務説とは，国または地方公共団体は，個人が生活を営んでいくうえで必要な共同生活機関であり，この共同生活機関を運営するためには活動資金を必要とする。この活動資金を税として国民または地域住民が負担能力に応じた分担をするのが当然の義務であるという説である。

## 4．経済的中立性の原則

　経済的中立性の原則とは，税を課すことによって，民間の経済活動をゆがめたり阻害したりすべきではないという原則である。この原則の背景には，民間の経済活動は市場原理に則り，経済資源の最適配分がなされているので尊重されなければならないとする考え方がある。

## 5．公平負担原則

　公平負担原則とは，納税による痛みは公平でなければならないとする原則である。仮に，課税の公平負担が実現されなければ，納税の痛みに格差が生じて適正な納税を行う者が不満を抱き混乱を招くことになりかねないためである。

　公平負担原則には垂直的公平負担原則と水平的公平負担原則がある。

　垂直的公平負担原則とは，税負担能力が高い者には多額の納税を要求し，低い者には少額或は無税として，税負担による痛みを公平にしようとする考え方である。この考え方は後で述べる富（所得・財産）の再分配の機能をはたすことができる。

　水平的公平負担原則とは，所得金額等の税負担能力が同一水準にある者には

税負担も同一にすべきである，という原則である。

## 6．簡素性の原則

　簡素性の原則とは，税の徴収方法及び使途について透明性を高めて，税額の計算方法を簡素にし，納税者の負担を軽減し，また課税当局の徴税費用を抑えるべきであるとする原則である。

　上述の経済的中立性の原則，公平負担原則及び簡素性の原則がわが国の現代における租税原則（理念）とされている。

## 7．富の再分配機能

　富の再配分とは，政府の役割の1つとして，豊かな富を有している者から税を比較的多額に徴収して，そうでない者に分配するという考え方である。すなわち，政府は社会福祉政策の役割りを担うべきとする考え方である。富の再分配機能には所得の再分配及び財産の再分配機能がある。所得の再分配機能を果たすことが出来る税には所得税があり，財産の再分配機能を果たすことが出来る税には相続税・贈与税がある。

　富の再分配の考え方において，社会保障の制度をどのように構築するのかによって，再分配の程度が決まってくる。

## 8．直接税と間接税

　直接税とは納税義務者と税を負担する者が同一の税をいい，間接税とは納税義務者と税を負担する者が異なる税をいう。

　直接税は納税の痛みを比較的感じやすいという特徴がある。納税の痛みを感じやすいがゆえに，納税者に税への抵抗感があるという特徴を持っている。しかし，納税は痛みを伴いながら納税者が自覚を持って主体的に行うべきである，

とする考え方からすれば，直接税は好ましい税であるといえる。直接税中心を是とする考え方はわが国憲法の趣旨に沿ったものであるとする考え方に支持されている。そして，直接税である所得課税は好ましいものとなる。また，直接税は応能課税の考え方にも支持される。直接税は国家経済が上向き，民間の事業体の所得が増加する場合には徴税額は上昇し，逆に経済が下向きの場合には徴税額が減少するため，安定的な財源にはなりにくい。

　国税の中で直接税には，所得税，法人税，相続税，贈与税等がある。

　地方税のそれには，都道府県民税，市区町村民税，事業税，固定資産税，都市計画税，不動産取得税，自動車税等がある。

　一方，間接税においては，税は転嫁する。例えば，わが国の間接税である消費税法においては，財やサービスに税が転嫁され，預かった事業者が納税するが税の負担者は消費者である。この転嫁によって，間接税は比較的納税の痛みを感じにくいという特徴がある。納税の痛みを感じにくいがゆえに，税を比較的安易に徴収することができるという特徴を持っている。間接税は課税権者側の安定的な財源を確保する観点からは好ましいことになる。

　国税の中で間接税には，消費税（狭義：消費税法・地方税法における地方消費税），酒税，関税，揮発油税，石油ガス税等がある。

　地方税の間接税には，たばこ税，ゴルフ場利用税，入湯税等がある。

## 9．流通税，収得税，財産税，消費税（広義）

　租税は，民間（私）企業の経済取引ないし経済事実に担税力を認め課税されるものである。民間の経済取引ないし経済事実は大きく流通取引・収得取引・財産保有・消費取引（広義）があり，それぞれの取引の一方が利潤（利益）を得る場合，その者の利潤（利益）に税を負担する力（担税力）を認め，また財産の保有そのものに担税力を認め課税される。

　流通税とは，特定の財産移転という流通取引に課税される税をいう。これには，地方税法の自動車重量税，登録免許税，不動産取得税，自動車取得税，印

紙税法等がある。

　収得税とは，財産の取得により収益を得る収得取引に基づいて課税される税のことをいう。これには，所得税法，法人税法，地方税法における都道府県民税（の一部）・事業税・市区町村民税（の一部）等がある。

　財産税とは，財産を所有するという事実に基づいて課税される税のことをいう。これには，地方税法における固定資産税・自動車税・都市計画税等がある。

　消費税（広義）とは，消費取引に課税される税をいう。これには消費税法，酒税法，揮発油税，石油ガス税，たばこ税，地方消費税等がある。

　以上の関係を図で示せば図表1－1のようになる。

図表1－1　担税力を認める取引及び財産保有と課税

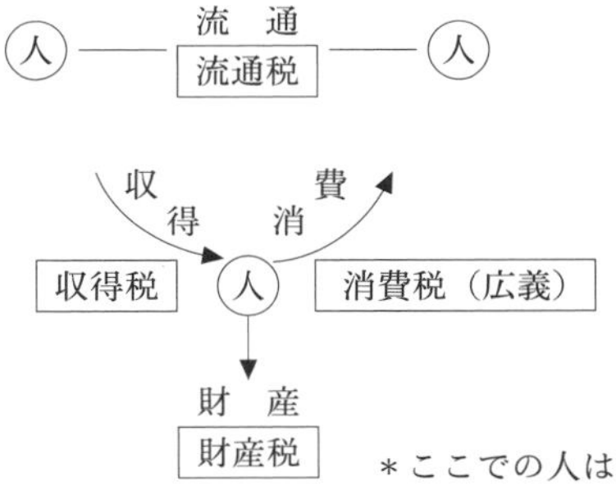

*ここでの人は，権利及び義務を有する
　自然人及び法人のことである。

（出所：濵沖作成）

## 10. 普通税と目的税

　税の使途が確定しているかどうかの分類で，普通税と目的税に分けられる。

　普通税は，一般的な経費を賄うための財源にあてられる税で，大部分の税がこれにあたる。目的税は，特定の財源にあてられるために課される税のことをいい，国税では，電源開発促進税，地方道路税等があり，地方税では地方税法の自動車取得税，都市計画税，入湯税等がある。

　税は国や地方公共団体の一般的経費を支弁するもの，という講学上或いは理論上の原則からすれば普通税が好ましいが，現実には目的税も存在している。

＊わが国の目的税の1つに自動車に関する税があり，近年では，これらの税の存在そのものが問題視されている。またわが国の消費税法税率アップに際し，政府は目的税であるとしている。

## 11.　従量税と従価税

　税の計算は，課税標準に税率を乗じてなされ，その結果税額が算出される。すなわち，

　　　課税標準　×　税率　＝　税額

となる。

　ここでの課税標準は価格（所得税や法人税では課税所得金額）または数量（酒税では倉出しされる酒類の数量）である。この課税標準を課税物件（これを「租税客体」ともいい，税を賦課する目標となる物件，行為または事実をいう）の数量とした場合に「従量税」といい，価格とした場合に「従価税」という。

## 12.　比例税，累進税，超過累進税

　上述の税の計算における税率には「比例（一定）税」，「累進税」，「超過累進税」がある。

　「比例（一定）税」とは，課税標準が変化しても常に一定率を乗じて税額を算出することをいう。

　「累進税」には，課税対象が大きくなるに従って単純に高い税率を適用する「単純累進税率」と課税対象を段階的に区分し，上位の段階に進むに従って順に高い税率を適用する「超過累進税率」がある。

　所得税法では所得の再分配機能を有しているため「超過累進税」が採用され

ている。また相続税法では財産の再分配機能を有しているため，相続税法の相続税及び贈与税も「超過累進税率」が採用されている。

## 13.　申告納税制度と賦課課税制度

　申告納税制度とは，納税義務者自身が納付すべき税の課税標準や税額を計算して申告（所轄税務署長へ税務書類を提出）し納税する制度をいう。すなわち，納付すべき税額を納税者の計算と申告により確定させて納税する制度をいう。

　この制度を採用している税目は多く国税であり，これには，所得税法，法人税法，消費税法，相続税法等がある。

　申告納税制度は，納税者自身が行った経済等の活動状況を納税者が最もよく知っていることから，自らの責任において申告•納税するという民主的な納税制度といえる。しかし，反対に，正しい税知識を持たない，または不正直な納税者がいる場合には，課税の不公平を招くものとなる。この場合には，税務当局は税務署長の調査により納税額を確定させることになる。

　賦課課税制度とは，税務官庁の行政処分により，納付すべき税の額が決定される制度をいう。すなわち，納税者（納税義務者）自身が納付すべき金額を確定できず，課税権者である国や地方公共団体が税額を確定するものである。この制度を採用している税は，国税では取引所税等例外的な場合だけであるが，地方税の多くは賦課課税であり，これには地方税法における住民税，固定資産税，不動産取得税，自動車税等がある。

　賦課課税の場合，近年課税当局の誤請求（例えば，固定資産税）が散見される。納税請求書（納付書）を受け取った納税者は，その内容が正しいか否かを確認すべきである。

## 14.　応能課税と所得課税及び応益課税

　応能課税とは支払能力に応じて税を負担するという考え方である。この考え方は，わが国憲法の理念に一致して好ましいとされている。所得課税は，この応能課税の考え方と合致する。担税者の担税力を考慮しない消費税は応能課税の観点では好ましくないとされる。課税が進むべき性質は応能課税とする時，担税力を考慮しない消費税は，この進むべき性質の逆となる。このことを一般に「逆進性」という。

　一方，　課税には応益課税という考え方がある。応益課税とは国や地方公共団体から享受する便益に応じて税を負担するという考え方で，いわば，国家・地方財政を国民・地域住民からの会費によって賄おうとする考え方である。

　応益課税には，例えば地方税法の住民税の均等割りがある。

# 第2章　税法学における税法と原則

## 1．税法学からのアプローチ

　税法は，憲法を頂点とする法体系の中にある。税法学は憲法学を頂点とする法学問体系にあり，税法〔法令〕について考察する学問である。わが国においては，現在の日本国憲法制定までは大日本帝国憲法下であったため，税に関しては行政法及び行政手続法との関係が強かったが，現憲法下における税法学では，租税実体法が中心テーマとされている，すなわち，それぞれの税の課税要件の考察が中心テーマとされている。しかしなお行政法及び行政手続法の影響を色濃く受けているといえよう。税法学からのアプローチでは，憲法が定める納税の義務や，いわゆる租税法律主義に基づく個別税法の条文理解や解釈，また，判例研究によって税法条文解釈の考察がなされる。立法論としての考察もなされるが，制定された税法〔法令〕は所与のものとして考察の基礎となる。税法学からのアプローチの理解によって，自ら税務申告書を作成し納付する申告納税制度や国や地方公共団体から送付されてくる納付書で納税する賦課課税の法的根拠を理解することができる。

## 2．税法の法律関係

### (1) 納税の義務「憲法30条」
　日本国憲法30条で「国民は，法律の定めるところにより，納税の義務を負う。」と規定し，国民に納税義務を課している。この義務は，国民に課す三大義務（勤労の義務，教育を受ける義務，納税の義務）の一つである。

## (2) 租税法律主義「憲法84条」

日本国憲法84条で「あらたに課税を課し，または現行の租税を変更するには，法律または法律の定める条件によることを必要とする。」と規定している。この規定を，一般に，租税法律主義という。これは法令の定めるところにより課税・納税し，法の定めが無ければ課税できず，納税義務を負わなくてもよいとする規定である。租税法律主義は，租税の種類や賦課を示すばかりではなく，納税義務者，課税客体（課税物体），税率等を法令によって定めることを要求するものである。

## (3) 税法の種類

税法を内容で整理すれば，実体法・手続法・救済法・処罰法に分類される。

実体法：個別税法において，課税要件を規定する。

手続法：賦課徴収など租税債権・債務手続きを規定する一般法である。
　　　　これには国税通則法及び国税徴収法がある。

救済法：不服申立てや訴訟等，納税者の権利救済を規定する一般法である。
　　　　これには国税通則法がある。

処罰法：脱税などの税法違反への罰則等を規定する個別法令の部分を云う。

上記とは別に租税特別措置法があり，経済政策や社会政策上の見地より特殊な課税を規定している。これは2年～3年間の時限立法が通常である。

## (4)「法令」とは何か

「法令」とは，「法律」（本法），「政令」（施行令），「省令」（施行規則）のことをいう。「法律」（本法）とは，国会で審議され議決・成立される法律のことである。「政令」（施行令）とは，成立した本法に対して政府（内閣府）が制定する命令のことである。「省令」（施行規則）とは，成立した本法に対して各省庁が発する命令のことである。

**(5) 国税課税当局による租税法令解釈としての国税庁長官「通達」**

国税にかんしては国税庁長官が発する「通達」がある。これは税務行政上の取扱いの統一性を確保することを目的とするもので，法令の解釈，運用・取扱基準や行政執行の方針等を定めるものである。国税局や税務署などの税務行政機関では，「通達」による税法の解釈に従って業務を行わなければならない（業務命令）。

## 3．理念としての租税法解釈

以下に示す各項目は，租税法学からみてのあるべき論である。現実にはそれらの項目に反した法令が存在する。逆に云えば，それらの項目に反した法令が存在するために法学の立場での指摘が必要なものである。

### (1) 税法条文の解釈

税法の解釈は文理解釈による。文理解釈によって法令の意味内容を明らかにすることが困難な場合は，税法の趣旨・目的に照らして解釈する。

### (2) 借用概念

借用概念とは，税法以外の法領域で用いられている用語ないし概念が税法に用いられていることをいう。一般に税法以外の法領域で用いられている用語ないし概念が税法に用いられている場合，法的安定性の観点より，同一の概念と解すべきである。

### (3) 租税回避

租税回避とは，納税者が，通常用いられる法形式（取引形式）とは異なる異常な法形式を選択することによって，結果的に通常の法形式を選択した場合とほぼ同一の経済的効果を実現しながら，通常の法形式を選択した場合に課され

るべき租税負担を軽減ないし排除することをいう。また，租税負担を軽減ない
し排除するための迂回行為等を租税回避行為という。

### (4) 信義則と禁反言の法理

　信義則とは，法律関係の当事者は相手方の正当な期待ないし信頼を裏切って
はならない，という原則である。

　禁反言の法理とは，人はいったんなした言動を，それが誤りであったことを
理由として翻すことができない，という法理のことをいう。信義則と禁反言の
法理は，税法の領域にも適用される。

　税法において信義則と禁反言の法理を問題とするのは，課税権者側は常に課
税する側であるので課税権者ではなく，税務署または地方公共団体の課税部所
のなした表示・不表示・納税相談・申告指導等についてであり，納税者である。
.

### (5) 遡及法の禁止

　遡及法とは，法令の施行が法令の制定日よりも前になる法のことをいい，遡
及法の禁止とは，このことを禁止することである。これは仮に遡及法を認めれ
ば，法的安定性及び予測可能性を阻害するためである。

　しかし，現実の税法においては，遡及法は存在する。この理由のひとつは，
遡及法により失われる個人の利益と遡及法を実施することによる国家の利益と
を比較衡量した場合，国家の利益の方が重いとするものである。

### (6)「法的安定性」及び「予測可能性」

　法律学においては，「法的安定性」及び「予測可能性」が重視される。「法的安
定性」とは，法や法の適用を安定させ，人々の信頼を保護する原則であり，そ
のために「予測可能性」が求められる。これらは税法においても適用される。

## 4．国税と地方税

　国税は国が課税の主体で国民が国に納める税のことをいう。わが国の国税には，所得税法，法人税法，相続税法，酒税法，消費税法，関税法，印紙税法等がある。

　地方税は地方公共団体（都道府県及び市区町村）が課税の主体で地域住民が地方公共団体に納める税のことをいう。わが国の地方税には，地方税法がある。

　地方税法は，都道府県が課税権の主体となる都道府県税と市区町村が課税権の主体となる市区町村税からなる。都道府県税には都道府県民税，事業税，不動産取得税，自動車税，ゴルフ場利用税等がある。市区町村税には市区町村民税，固定資産税，事業所税，入湯税，都市計画税等がある。

## 5．源泉徴収制度

### (1) 源泉徴収制度の意義

　所得税は申告納税であるが，納税義務者が自分で申告・納税する代わりに，給与等の支払者が納税義務者となって給与等を支払う際に所得税額を差引き，その差引き金額を徴収した翌月の10日までに国に納付する。これを源泉徴収制度という。

### (2) 源泉徴収制度の採用理由

　源泉徴収制度を採用する理由には，次がある。

　1）納税者からすれば，一時期に多額の納税をする申告納税よりも納税がそのつどになり，納税が容易になる。特に，給与所得者のほとんどが年末調整により課税関係が終了する。

　2）税務当局からすれば，多くの所得者を直接管理することなく，比較的少数の源泉徴収義務者に管理させることになるので，税務行政上の負担軽減にな

る。

　3）国の歳入の平準化をはかることができる。


＊この源泉徴収制度は税徴収及び税納付の便宜性という点では効率的であるといえるが，納税者の税に対する自覚，すなわち納税の痛みが感じにくくなるため税の使われ方に対するチェック（監視）の点でこれがおろそかになりがちになる。税の使われ方に対するチェック（監視）は課税のあり方のうえで重要で本質的なところであるが，この点において源泉徴収制度は問題を内在している。


## （3）源泉徴収される所得

　源泉徴収される所得税法上の所得は，利子所得，配当所得，給与所得，退職所得，特定の事業所得，一時所得及び雑所得，非居住者または法人に支払う特定の所得である。


## （4）源泉徴収と確定申告

　源泉徴収税額は，確定申告により精算・確定される。しかし，給与所得と退職所得の多くは，確定申告を要しないことが多く，この場合，源泉徴収義務者の行う年末調整と源泉徴収税額算定及び納付のみによって完納する。


# 6．課税要件の事実


　法令上の課税要件を満たす経済経営取引や財の所有などがあった場合，納税の義務が生ずるため，何が課税要件であるのかを納税者は理解すべきである。また，課税要件を満たすと考えられる事実があったと税務署長が認めた場合，課税要件事実認定を行い，当該納税者に対し納税の義務を課すことになる。

## 7．税務申告・更正・決定及び更正の請求

税務申告には，期限内申告・期限後申告・修正申告がある。

期限内申告とは，申告納税における国税において納税申告書を法定申告期限内に税務署長に提出することをいう（通・17）。

期限後申告とは，申告納税における国税において納税申告書を法定申告期限後に税務署長に提出することをいう（通・18）。

修正申告とは，申告納税における国税において納税申告書を提出した者のうち，追加納税がある場合に税務署長に納税申告書を提出することをいう（通・19）。

更正とは，申告納税における国税において申告内容が税務署長の調査と異なるとき，税務署長が申告税額を是正することをいう（通・24）。

決定とは，申告納税における国税において納税義務者が申告書を提出しなかった場合，税務署長がその調査により税額等を確定させることをいう（通・25）。

更正の請求とは，申告納税における国税においてすでに提出した納税申告書に係る納税額が過大であるとして納税者が税務署長に調整を請求することをいう（通・23）。

## 8．本税と附帯税

一定の条件のもとに算定される税のことを本税という。本税の履行上の適正を欠く場合には，本税に附帯して課せられる税がある。これを附帯税という。附帯税には以下がある。

過少申告加算税：税の一部を故意ではなく過少申告したことにより本税とは別に本税の 5 ～20%の追加納付税を加算することを云う。

重加算税：脱税を意図して事実の隠蔽・工作を行い，故意に過少申告したときに本税とは別に本税の35～50%の割合で加算することを云う。

　延滞税：本税の支払期限を過ぎたときに本税とは別に，本則（国通・60②）として納期限の翌日から2か月間については年7.3%（日歩2銭），2か月を超える期間については年14.6%（日歩4銭）の割合で加算する（但し特則（措法94①）あり）ことを云う。

　利子税：本税の支払を延納することが認められたときに，本税に対して特定基準割合で加算する（国通・64）ことを云う。

　無申告加算税：無申告の場合，本税とは別に本税の15〜30%の割合で加算することを云う。

## 9．税務調査と査察

### （1）税務調査

　税務調査は所轄の税務署担当者が質問検査権に基づき任意に行うもので，申告漏れを調査することが目的である。通常は事前に電話連絡があり，納税者に調査の協力を求める。納税者に関与税理士がいる場合にはまず関与税理士に連絡がなされる。

### （2）査察

　査察は国税庁と国税局配置の査察官が行うもので，国税犯則取締法に基づく強制的な調査である。臨検・捜索・差押等の権限を有し悪質な脱税を摘発することが目的である。事前の連絡はなく査察先の同意を必要としない。査察は悪質で脱税額が多いケースを中心になされる。査察は告発を目的にしているため内偵段階で確たる証拠を掴んでから行われることになる。査察では物証を押さえることになる。

## 10.　租税訴訟の特質と事件の決着

### (1)　租税訴訟の特質

　民事訴訟における事件においては裁判官による和解が成立することが事件の半数近くを占めるとされるが，課税権者である国や地方公共団体，納税者である国民や地域住民との租税訴訟においては，査察調査による告発は別にして訴えるのは常に納税者であり，和解は成立しない。和解が成立しないのは，課税当局は裁判官による和解を受け入れる立場にないからであり，事件は常に裁判官による判決を含む判断が示される。また民事における訴訟においては，勝敗は事前には不明であるが，租税訴訟においては，そのほとんどが課税権者が勝訴している実態がある。

### (2)　国税不服審判所の「裁決」

　国税庁長官による「通達」の租税法令解釈や課税当局の判断に対して納税者が争わなければ世の中にこれらが通用することとなるが，これらを納税者が不服とした場合の手続は，納税者による税務署への審査請求或いは国税不服審判所への審査請求となり，国税不服審判所は概ね1年以内に「裁決」することとなる。

　ここで留意すべきは，国税不服審判所は国税庁内部の組織であり，国税不服審判所の「裁決」は税務行政の最終判断とされることである。

### (3)　裁判所の「判例」・「裁判例」

　国税不服審判所の「裁決」に納税者が不服とする場合，納税者は裁判者へ国を相手取っての訴訟を起こすことになる。

　この訴訟において，「判例」「裁判例」とされるものがある。

　「判例」とは，広い意味では裁判所の判断全般を指すのもとされるが，狭い意味では最高裁判所の「裁決」のことを指し，これはわが国の裁判所組織全体

の判断基準として拘束力を有する。

　「裁判例」とは，地方裁判所や高等裁判所の「判決」の事例の意味で用いられる。狭い意味での「判例」とは異なり裁判所組織全体の判断基準として拘束力を有しないが，重視されるべきものである。


### （4）税法解釈の確定

　租税訴訟における税法の解釈は最終的には裁判所において行われる。憲法76条は，法令の解釈は最終的には，最高裁判所の「判決」によるとしている。ゆえに税法の分野においても，法令解釈は司法の最高位に位置する最高裁判所の「判決」で確定する。

　なお，わが国の裁判は「心証主義」を採用している。すなわち，裁判官の心証によっての「判決」が認められている。これが意味することは，必ずしも論理的・合理的な意見だけで判断されるのではなく，論理的・合理的な見解を包含した裁判官の心証で「判決」が下される，ということである。

　また，最高裁判所の「判決」で当該税法解釈は確定するため，課税当局が敗訴した場合，課税当局は以降その解釈に従うことになる。


### （5）「判決」により確定した事件において課税当局が敗訴した場合の対処

　最高裁判所の「判決」によってある事件の判断が確定し，課税当局が敗訴した場合，課税当局がそれを了承する場合を除き，関係通達を改正する，或いは手続きを経て関係法令を改正することになる。


### （6）租税法学による「判例」・「裁判例」への研究

　裁判所の「判決」に対して，租税法学では，その「判決」に至る手続きや思考プロセスなどについて研究がなされる。このことは「判決」を学問的に評価することであり，偏った「裁決」や「判決」を防止することに繋がり有用である。

# 第3章　社会現象としての税務会計

## 1．税務会計論からのアプローチ

　すでに述べたように，税は課税権者と納税者との関係にあるが，納税者の会計の立場で税を捉える学問として「税務会計論」を挙げることができる。

### (1) 税務会計論の領域と対象

　企業を中心とする継続的事業体の業績評価論が会計学であり，会計学の一分科としての税務会計論の考察領域は，会計学の考察領域と同様であると捉えることができる。すなわち，会計学は社会現象としての会計実務を考察領域とするものとみた場合，会計学の体系に属する税務会計論の考察領域は社会現象としての税務会計実務であると捉えることができる。

　継続的事業体には様々な形態が存在する。継続的事業体には，法人企業・個人企業のほかに，学校法人，医療法人，NPO法人組合等も含まれる。2023（令和5）年3月のとりまとめ資料によれば，株式会社を中心として税務申告した法人数は2,578,593法人存在する[1]。

　別の同年2月のとりまとめ資料によれば，わが国の個人事業者（個人企業）で税務申告したものは約1,541千名存在する[2]。納税主体としての数の多さから

---

1　国税庁 長官官房 企画課「令和3年度分 会社標本調査―調査結果報告―税務統計から見た法人企業の実態」，2023（令和5）年3月，14ページ。2,578,593法人のうち，株式会社が約256万社，合同会社が約16万社である。株式会社の内，約半数が有限会社の名称を付した会社である。
2　国税庁 長官官房 企画課「令和3年分 申告所得税標本調査－調査結果報告－税務統計から見た申告所得税の実態」，2023（令和5）年2月，12ページ。

しても，個人企業も税務会計論で考察することは，重要となる。

　企業を中心とする継続的事業体にとっては，税法は所与のものとして存在する。すなわち，税法の規定の枠内で税務会計は存在し，税務会計論で考察される。

### (2) 税務会計論の特質

　税務会計実務では主として複式簿記の技法と財務報告書作成のための理論及び制度の理解をもって日々の記帳を行い，決算書（財務諸表）を作成する。これらの処理において税法の条文を念頭に入れておく必要がある。なぜなら，会計帳簿組織や日々の取引の記帳に対しても税の特典（税の減額）を受けるための規定を税法（法人税法・所得税法）は設けているからである。またわが国の現在の消費税法は日々の取引の記帳に対して消費税法上の判断を要求するものとなっている（アカウント方式；2023年10月より，いわゆるインボイス方式が導入された）。このように税法は簿記実務にも影響を与えているため，実務における簿記は税法にしたがう税務簿記となっているといっても過言ではない。

　会計学は比較的規模の大きな継続的事業体，とくに株式会社を中心に考察されてきた。それは取引高，資本金の額，従業員の数といった規模が大であることが経済社会的観点から重要なことであると考えられてきたように思える。しかし，税務会計論においては継続的事業体の経済的規模の大小や売上高（または利益）の多寡，または資本金の或は従業員の多寡によって，中心的に考察される継続的事業体が絞り込まれるということにはならない。なぜなら，例えば所得課税において，たとえ継続的事業体の規模が小さく利益の額が少なくても，それぞれの継続的事業体に1組の財務諸表が作成され，算定された利益を基礎として所得金額を算定することになるからである。また消費課税，資産課税においても経済的な規模や利益の多寡に比較的関係なく課税される。すなわち，課税の公平の観点より，規模等には関係なくすべての組織体の所得が把握される。課税所得が算定されれば，或いは税法上の課税要件を満たす事実があれば納税が求められる。

## 2．社会現象としての税務会計

　経済取引において，取引の当事者に必要とされることは，当事者相互の理解と納得であろう。税務会計は継続的事業体と課税権者としての国及び地方公共団体との関係にあり，通常の取引を上回る強い優位性を有する税が継続的事業体には課せられる。継続的事業体の通常の取引による債務（買掛金・借入金・未払金等）よりも確定された納税額の方が法的に優位性を有する。継続的事業体側に課税についての理解と納得がない場合においても，課税権者は権力を行使して，税法の規定に則り課税はなされる（国税徴収法）。従って，継続的事業体の経営者，そして会計担当者には，関係する税法の理解と納得が求められる。

　社会現象としての税務会計を示せば図表3−1のようになる。

　税法が所与のものとしてなされる税務会計において検討されるのは，継続的

図表3−1　社会現象としての税務会計

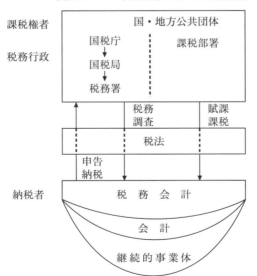

（出所：濵沖2015，62ページ，図表Ⅰ−8）

事業体の取引が税法上の課税要件を満たすのか否かということである。すなわち，継続的事業体が行う個々の取引に課税要件の有無という税法上のフィルターをかけ，個々の取引が記録される。税は納税者としての継続的事業体と課税権者としての国及び地方公共団体との，個別的・直接的な関係にある。

　その国の経済，政治の動きの中で税制は検討され，議会で成立した税法の規定を継続的事業体は，当然絶対的に尊守すべきものとなる。従って租税論での考え方，議会の動向，税法，税務行政上の立場・運用の理解が税務会計論の理解のためには必要となる。

　このような税法の成り立ちと税務会計（論）との関係を示せば図表3－2のようになる。

図表3－2　税法の成り立ちと税務会計論との関係

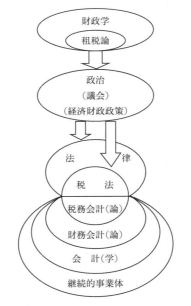

（出所：濵沖2015，88ページ，図表 序－1）

## 3．税務行政

　国の税務行政は以下の組織で行われる。すなわち，財務省の外郭団体として
の国税庁，その下部組織で全国11か所の国税局と1つの国税事務所（沖縄国税
事務所），それらの下部組織で全国に設置されている税務署があり，指揮・命
令は上意下達である。

　一方，都道府県・市区町村における税務は，それぞれの部署がその任を負っ
ている。

　国税の税務当局においては，国税の専門教育を受けた職員（スペシャリスト）
が配置されているのに対し，都道府県・市区町村におけるそれぞれの部署には
一般職で採用された職員（ゼネラリスト）が配置され，数年で異動となるため，
税の専門家が配置されているとはいえない。近年固定資産税等での誤請求が相
次ぎ社会問題化している。納税者としては，賦課課税された内容についての吟
味が必要である。

## 4．税理士制度

　大日本帝国憲法下で，1942（昭和17）年に税務代理士法が制定された。これ
は第2次世界大戦の間のことであり，賦課課税であった所得税の税額決定のた
めの制度であった。その後日本国憲法下の1951（昭和26）年に税理士法が制定
された。これは，わが国の税法は複雑なため納税者自身が税務申告書を作成し
て税額を計算することが困難な場合があるので，納税者からの依頼を受けて，
税務に関する代理行為を行うことを目的とするものである。その後，数度の改
正を経て今日に至っている。

　税理士法第1条では，「税理士は，税務に関する専門家として，独立した公
正な立場において，申告納税制度の理念にそって，納税義務者の信頼にこたえ，
租税に関する法令に規定された納税義務の適正な実現を図ることを使命とする」

としている。また，税理士は，1）税務代理　2）税務書類の作成　3）税務相談を行う（税・2）。これらの業務は独占業務で無償独占（業務の対価を受けない場合でも独占であって，この場合でも責任を負う）を意味する。このような税理士の業務は，国や地方公共団体と納税者との税に関する橋渡し役といえる。

　また，税理士は，他人の求めに応じ財務書類の作成，会計帳簿の記帳代行その他財務に関する事務を行うことができる（税・2②）。独占業務としての税務業務と附随業務としての会計業務を併せ，税理士業務は税務会計業務であるといえる。わが国の税理士登録者数は81,048人（令和5年10月末日現在）である。

　税理士が共同して設立する法人に税理士法人がある（税48の2）。これは税理士業務を組織的に行うことを目的とするもので，その社員は税理士である（税48の4）。

　なお，公認会計士は一定の条件を満たせば税理士となることができる。また，弁護士も登録することによって税理士となることができる（税・3①三・四，②）

## 5．税務支援体制

　わが国の税務申告支援体制は小規模な個人納税者を対象に行われている。これは所轄税務署への申告納税或は還付申告を円滑に行うためのものであり，税理士会・青色申告会・商工会がその支援を行っている。これらの組織体系は，税務当局の組織体系とリンクしている。すなわち，国税の税務当局はすでに述べたように，国税庁→国税局（沖縄は国税事務所）→税務署という縦割りであるが，国税庁には，日本税理士会連合会・全国青色申告会連合会総連合・全国商工会連合会が関係づけられている。また，国税局には，各地の税理士会・全国青色申告会ブロック連合会が関係づけられている。また，各税務署には税理士会支部・青色申告会支部または青色申告会連合が関係づけられている。

　以上の関係ではそれぞれの立場で税務申告に関する協議を行い，個人納税者の税務申告を支援している。

*以上の体系についての詳細は，濵沖2015の204ページから221ページを参照されたい。ここで示した内容は，実務で直ちに役立つ内容である。税理士事務所・会計事務所・税理士法人・銀行・信用金庫・信用組合などの金融機関・商工会・商工会議所・都道府県庁・市区町村の課税担当者にとって，また自営業をされる方に有用な情報となろう。

## 6．電子帳簿保存法による税務関係書類のデータ保存

電子帳簿等保存法*は，経理のデジタル化を図る目的で税務関係帳簿書類のデータ保存を求めるものである。これにより，所得税法・法人税法・消費税法上の保存義務者は税務関係帳簿書類の電子取引をデータ保存することになる。

*電子計算機を使用して作成する国税関係帳簿書類の保存方法等の特例に関する法律（平成十年法律第二十五号）・電子計算機を使用して作成する国税関係帳簿書類の保存方法等の特例に関する法律施行令（令和三年政令第百二十八号）・電子計算機を使用して作成する国税関係帳簿書類の保存方法等の特例に関する法律施行規則（平成十年大蔵省令第四十三号）。

### （1）電子取引について

申告所得税・法人税に関して帳簿・書類を保存する義務のあるものは，注文書・契約書・送り状・領収書・見積書・請求書などに相当する電子データをやりとりした場合，その電子データ（電子取引データ）を保存しなければならない。

### （2）電子帳簿及び電子書類について

税法上保存が必要な帳簿・書類をパソコン等で作成した場合，プリントアウトせずにデータのまま保存することができる。

## （3）スキャナ保存について

　紙の領収書・請求書などは，その書類自体を保存する代わりにスマホやスキャナで読み取った電子データを保存することができる。

# 第Ⅱ部　個別税法及び税務会計

*次の第 4 章から第13章までは収得税及び消費税の申告納税であり，そのうち
で主要な所得税法，法人税法，消費税法を中心に見ていく。財産税であり，
申告納税である相続税法（相続税・贈与税）は，税法にとっては重要であるの
で第14章で述べている。相続税法は，税務会計を広く捉えた場合，個人企業
の事業主の事業承継の面で係りを持つことになるため，税務会計論において
も係りを持つことになる。

# 第4章　収得税としての所得課税

## 1．わが国の所得課税の概観

　わが国の所得税法は，1887（明治20）年に当時のイギリス及びプロシアの税制を模倣して創設された。当初は個人の所得を課税対象としていたが，1899（明治32）年に改正され，「第一種法人之所得」として法人の所得に対しても課税されるようになった。そして，1940（昭和15）年に法人所得課税は所得税法から分かれて法人税法が創設され，所得税法と区別された。そして，所得税法及び法人税法は1965（昭和40）年に全文改正され，現在に至っている。

　一方，商法は1890（明治23）年に創設された（旧商法）が，9年後の1899（明治32）年に改めて制定され（現行商法）現在に至っている。所得税法，法人所得課税の成立時期に商法の成立時期が前後しているが，商業（経済）活動の進展に税法がかかわりを持つという点で意義深いものがある。さらに，わが国初の憲法（大日本帝国憲法）は1889（明治22）年に発布されているが，所得税法はそれより2年早く創設されている。所得税法による財源確保が国家の成り立ちにいかに重要であるかということを示唆するものといえる。

　他方，わが国において歳入に占める割合の点において，長年に亘って所得課税が中心であったが，間接税が本格的な地位を占めることになったのは，1988（昭和63）年12月に国会で可決・成立され翌1989（平成元）年4月より施行された消費税法からである。

　毎年の国の歳入に占める所得課税の割合については，財務省が公表する国家財政の歳入と歳出に関する資料によって知ることができる。所得課税と消費課税の割合（直間比率）は，時の政府の政策であるということを理解しておく必要がある。

## 2．所得課税の課税対象

　法人税法及び所得税法において，所得の定義はなされていない。一般的な理解としては，所得とは，稼ぎ・儲けと理解して差し支えないであろう。所得税法及び法人税法は所得金額を課税標準として，これに税率を乗じて税額を算出する仕組みである。すなわち，

　　所得金額（課税標準）× 税率 ＝ 税額

となる。

### (1) 所得金額の対象

　所得金額の対象としての人には，権利を有し義務を履行できるとする法的観点からみて，自然人と法人がある。この自然人と法人の関係をどのように捉えるかという問題は，課税対象を考える際に重要である。すなわち，自然人と法人は別のものと捉えた場合，自然人の所得と法人の所得の両方に課税することになる。しかしこれは，法人の利益が配当を通して自然人に流れ自然人の所得となるため二重課税となり，納税者からすれば納得できるものではない。

　一方，法人は擬制的なものであって，法人の稼ぎ・儲けは最終的には自然人に配当という形で帰着すると考えた場合は，法人の所得には課税する必要はないことになる。しかしながら，法人の稼ぎ・儲けが配当という形で自然人に帰着するまでには，場合によっては長期のタイムラグがあり，この間に脱税が行われないとも限らない。早期に，見込み通りに歳入を確保したい国及び地方公共団体の立場からすれば好ましいものとはならない。

　わが国では，自然人の所得に対して所得税を課税し，また，法人の所得に対しても法人税を課税している。ここで，法人所得への課税根拠（法人税法存在の根拠）は所得税の一部前払い（前受け）であるとされている。

## (2) 所得税と法人税の税率

　自然人である人の所得に課税する場合，納税の痛みを考慮して，その痛みが公平になるような配慮が必要になる（垂直的公平）。すなわち，一定の所得までは課税せず，所得が多くなるに従って税率もしだいに大きくなるような仕組みが求められる。所得税の税率は納税の痛みを公平にするために累進税率が適当であり，また，適用されている（超過累進税率）。

　これに対して，法人の所得に課税する場合，その根拠は所得税の一部前払い（前受け）であるから，税率は一定（比例）税率が適用される（但し，現実には中小零細企業の実情を配慮し，これに対する低率も設定しているから複数税率となっている）。また，自然人の所得課税の際にはすでに前払いしている法人税への考慮が必要になってくる（所得税における税額控除としての「配当控除」）。

## 3．所得課税と損益計算

　会計上の利益（または損失）の計算には，損益法と財産法（または財産目録法）がある。損益法とは，一定期間の収入から費用を差引いて利益（または損失）を算定する方法である。財産法（または財産目録法）では，一定期間の期首の正味財産（資本）と期末の正味財産（資本）とを比較して，期末の正味財産（資本）の方が多かった場合利益が算定され，少なかった場合は損失が算定される。損益法で算定された利益（または損失）も財産法（または財産目録法）で算定された利益（または損失）も理論的には同じである。

　所得税も法人税も，所得の金額を算定するに当たって，会計上の損益計算を援用している。すなわち，会計上の利益（または損失）算定の仕組みを援用してそれぞれの所得金額を求めることとしている。このことを図で示せば，図表4－1のようになる。

### 図表 4 - 1　会計上の損益計算と所得課税上の所得金額算定の関係

所得税法：総収入金額－必要経費＝所得金額 ｛損失（所・69①）｝

会　　計：収　　　益－費　　用＝利　　　益（損失）

法人税法：益　　　金－損　　　金＝所得金額 ｛欠損金（法・57①）｝

（出所：濵沖作成）

　この図において，会計上の損益計算を援用して所得金額を算定するが，その額は同じではない。それは収益と総収入金額及び費用と必要経費が必ずしも同じではないからである。また，同様に，収益と益金及び費用と損金が同じではないからである。会計上の各項目と税法上の各項目の金額が食い違うのは，会計の目的と税法には，そのめざす所に加えて税法には政策が織り込まれるためである。すなわち，現代会計の目的は適正な期間損益の算定により業績及び財産評価をするところにあり，一方税法のめざす所は課税の公平であり，また税法には時の政権者による経済財政政策が織り込まれるためである。また，所得税法の総収入金額及び必要経費の名称と法人税法の益金及び損金が異なっているのは，自然人の事業（経営）実態と法人の実態が異なっているためである。すなわち自然人の事業は所有と経営と生活が一体であるのに対し，法人においては所有と経営が分離される形態であるためである。

＊わが国の法人税法が直接的に法人所得金額算定のための計算式を示さず，企業会計の利益算定のしくみに依拠しているのは，人的経済資源の有効活用のため，と云える。つまり法人税法が直接的に法人所得金額算定のための計算式を示せば，その分組織の経理人材の負担となり，民間組織の経済・経営的資源を消耗させることになるからである。仮に直接的に法人所得金額算定のための計算式を定めるとすれば，組織の経理部は多忙な部署であるため，経済的中立性を阻害することになるので所得金額算定に際して企業会計の利益算定のしくみに依拠していると云える。

## 4．複式簿記（正規の簿記）と青色申告・白色申告

### (1) 複式簿記（正規の簿記）

　会計において損益計算書のみを作成することが目的であるならば，収益と費用に関する帳簿としての売上帳，仕入帳，経費帳等，収支に関する記録があればよいことになる。

　しかし企業を中心とする継続的事業体にとって債権と債務の記録は経営上不可欠なことから，売掛帳（得意先元帳），買掛帳（仕入先元帳），受取手形記入帳，支払手形記入帳やその他の債権（貸付金，前渡金等）と債務（借入金，未払金，預り金等）を記録する帳簿が必要となる。また経営上の管理のために，現金出納帳，固定資産台帳への記帳も必要になる。これらの帳簿の一定時点の残高を確認することによって，貸借対照表が作成される。

　これらの帳簿を必要に応じ用いて，1つの取引において複数の帳簿へ記入していき，最終的に損益計算書及び貸借対照表が同時に作成され，しかも，それぞれの利益（または損失）が理論的・手続的に一致する技法が複式簿記である。

　複式簿記ではそれぞれの帳簿に記入するために仕分けるための帳簿として仕訳帳を使用する。すなわち，複式簿記は1つの取引を投下と運用という2面から捉え，2つ以上の勘定科目に複式記入するものである。これを継続的に行うことによってすべての取引が余すところなく体系的に整理され，最終的に損益計算書と貸借対照表が誘導的に同時作成される。このような複式簿記の処理を行うことによって，検証可能性（情報源からシステムを通じてアウトプットされたものであることが，第三者に検証できること）と普遍性（情報処理にあたって偏りのない方法によっていること）が確保できることになる。従って複式簿記によって算定された利益または損失の額は，客観的に信頼されうるものとなる。このような複式簿記は一般に正規の簿記を意味するとされ，企業会計原則 一般原則の「正規の簿記の原則」の中身とされる。

　複式簿記（或は正規の簿記）で算定される利益の額が客観的に信用できるが

ゆえに，税法がめざす課税の公平という観点から，とても好ましいものとなる。


### (2) 青色申告

#### 1） 青色申告制度の意義

　納税義務者が，申告納税制度の主旨にそって，自主的に正しい申告・納税ができるように，すなわち申告納税制度をより実効的にするために設けられた制度が青色申告制度である。この制度の適用を受ける者を「青色申告者」または「青色申告法人」という。

　青色申告制度は，原則として複式簿記での記帳を求めて，一定の帳簿書類の備え付けを義務づけし，その帳簿に毎日の取引を正確に，真実に記録することを求める制度である。この制度を採用した個人や法人には，所得税及び法人税を計算する際に，特別の経費を認める等の種々の特典（納税額の減少）を与えるものである。

#### 2） 青色申告制度の採用の要件

　個人の場合の青色申告は，商売を営んでいる者（事業所得のある者），地代や家賃収入のある者（不動産所得のある者），山林業を営んでいる者（山林所得のある者）に限られる。法人の場合には，制限はない。

　青色申告を希望する個人または法人には，所轄税務署長に青色申告承認申請書を期限までに提出し，その承認を受けること，及び法定の帳簿書類を備え付け，これに記録し，かつこの帳簿を保存することが求められる。

　また，取引先から電子メールで送られてきたPDFファイルの電子請求書・紙で受領等した書類のデータ上での保存，またはe-Taxによる申告（電子申告）が青色申告の条件の１つとなる。

#### 3） 青色申告による特典

青色申告による特典としては次のものがある。

①個人の場合

㋐ 青色事業専従者給与の必要経費算入

青色事業専従者とは，青色申告者と生計を一にする配偶者や15歳以上の親族

で，通常 1 年のうち 6 か月を超える期間，事業に専従した者をいい，その者に支払った給与を青色専従者給与という。青色事業専従者給与の必要経費算入額は，労務の適正な対価としてあらかじめ所轄税務署長に届けた範囲内で支給したものに限られる。

㈑ 青色申告特別控除

青色申告特別控除とは，青色申告者について，55万円まで（条件を満たせば65万円まで）或は10万円までを特別控除とすることである。10万円特別控除は，青色申告書に損益計算書の他に貸借対照表を添付することで，その適用が認められる。

㈒ 貸倒引当金の設定による繰入額の必要経費算入

事業所得がある青色申告は，年末貸金に対する貸倒引当金を設定し，その繰入額を必要経費に算入することができる。

②法人の場合

青色申告法人の場合の特典としては次のようなものがある。

㈠ 欠損金の繰戻しによる法人税額の還付　㈑ 各種減価償却資産の特別償却

㈒ 各種の特別控除　㈓ 法人税額の特別控除　㈔ 欠損金の繰越控除

㈕ 更正の制限と更正理由の付記

＊青色申告特別控除の意味合い

複式簿記或は正規の簿記での処理を行うためには，これらの処理ができる従業員を採用する・税理士に依頼する・青色申告会での指導を受けるなどの対処が必要となる。これらの対処にはコストが生じる。青色申告特別控除は，このコストに相当する金額については課税しないとすることによって，信頼できる所得金額算定を促進するという意味合いがあると考えられる。青色申告特別控除の具体的な金額は，現時点の実際の税理士或いは青色申告会に支払う年額を指していると理解することができる。

## (3) 白色申告

「青色申告者」以外の者を「白色申告者」といい，「青色申告法人」以外の法人を「白色申告法人」といい，これらには青色申告で認められる各種の特典

が認められない。

　白色申告には記帳義務が課せられているが，罰則はない。


## (4) 証憑書類等の電子保存義務

　電子帳簿保存法において，すべての事業者（個人及び法人）は所得税法及び法人税法上，電子データで受取った証憑書類の電子保存が義務付けられている。これに違反した場合には青色申告が取り消される可能性がある。


## (5) 所得課税における損益法と財産法

　所得税法と法人税法が，それらの所得金額算定に際して損益法を用いている理由は，事後の税務調査の時に検証が比較的可能であるため，と考えられる。益金（総収入金額）も損金（必要経費）も，経済・経営取引の結果であり，関係証憑（しょうひょう）が通常存在し，取引の相手が存在するため，いわゆる反面調査（取引先に問い合わせる）が可能となる。それでは，財産法は用いないのかと云いえば，課税当局が査察で用いることがある。査察の強制捜査で，隠匿している財貨を調べる時，例えば銀行の貸金庫のカギを探るのは，その時点の財産を探るためで，財産法による調査と云えよう（「陰の現金主義」の考え方）。


＊利益の額が意味すること
　〔所有と経営が一体化している事業体の簿記・会計〕
　所有と経営が一体化している事業体の簿記・会計は，簿記検定でいえば3級簿記である。所有と経営が一体化している事業体の簿記・会計は，現実には個人事業者を意味し，所得税法上の事業所得計算が該当する。ここでの利益が意味することは，現実社会生活と結びついた金額が利益として表現されるということで，利益の額は1年間の事業者の稼ぎ・儲けを表現したものである。例えば，事業所得の金額が100万円でこれが3年続くとすれば，税務署による税務調査の対象となってもおかしくない。なぜなら，現在のわが国では年間100万円では，人が1年間で生活できるとは考えにくい額であるからである。この額が長年続くとなると売上の計上漏れ，あるいは必要経費の水増しが考えられるためである。

＊費用の額が意味すること

　所得と経営が一体化している事業者における費用の額が意味することは，費用になら
なければその事業者の生活費を含む利益になるということである。ゆえに，事業者に
は自己チェックが働き基本的に無駄な費用は計上しないということが云える（これは
所得税法の事業所得等の「必要経費」の特徴である）。

＊所有と経営が分離している事業体の簿記・会計

　一方，所有と経営が分離している事業体の簿記・会計は，簿記検定でいえば 2 級以上
の簿記である。所有と経営が分離している事業体の簿記・会計は，現実には株式会社
などの企業である。ここでの利益は，現実社会生活と結びついた金額とは云い切れな
い額が表現される。取締役や従業員の 1 年間の生活費は，費用としての役員給与や給
与勘定で損益計算書に計上されている。ゆえに，法人企業の損失が毎年100万円 3 年
続いたとしても，それだけでは必ずしも税務署の税務調査の対象とはならない。

＊経理が行う会計簿記・処理と表示

　組織にはそれぞれの目的があり，その目的は定款などによって定められている。それ
ぞれの組織はその目的にしたがう活動を行うために支出する。そしてその支出は簿記・
会計の慣習・慣例により処理される。すなわち勘定科目を用い，その勘定科目は支出
の内容がわかるような名称を使用するが，勘定科目名は組織の実状を反映した自由な
名称が使用される。つまり実務における勘定科目名設定は全く自由である。支出の内
容を示す名称であり，いったん採用した科目は継続して使用する，といった慣習・慣
例があるにすぎない（使用する勘定科目名が，資産・負債・費用・収益・資本（純資
産）のいずれに属するのかの峻別は必要である）。

　決算時において，期中に使用した勘定科目は，会社法の会社計算規則や金融商品取引
法のいわゆる財務諸表規則が定める表示に整理されて報告されることになる。このよ
うな法律で定める会計のことを制度会計といい，すべての会社は強制法である会社法
の会社計算規則に従う報告書を毎期作成する。制度会計（会社法会計及び金融商品取
引法会計）は外部報告会計であり，とくに表示を強制するものである。

# 第5章　個人収得税（所得税法）（1）

収得税は，大きく個人収得税及び法人収得税に区分される。個人収得税の中心テーマは所得税であり，法人収得税の中心テーマは法人税となる。

ところで，会計の修学の面から見た場合，一般にその初歩は簿記であり，簿記検定でいうなら3級→2級→1級（上級）と学習は進められるであろう。ここで一般に初級の簿記は所有と経営が一体の個人の継続的事業体の簿記の内容であり，進んだ簿記は所有と経営が分離された株式会社を中心とした法人企業の簿記の内容である。

本書では，会計の修学面にならい，はじめに個人の継続的事業体を対象とする個人収得税について述べ，次に株式会社を中心とする法人企業を対象とする法人収得税をみていく。

## 1．所得税法

### （1）所得の意義

所得税法は原則として個人の所得を対象として担税力を認め，その大きさに応じて課税するものであり，稼ぎ・儲けの形態を課税の公平を図るために10に区分し，それぞれを所得としている。所得税法における所得金額は，原則として総収入金額から必要経費を差引いて求めるが，所得によっては必要経費のないもの，必要経費の代わりとなるものを使用して所得金額を算定するものもある。

### （2）計算期間

所得税法の課税所得の計算期間は，原則としてその年の1月1日から12月31

日までの1年間である。これを暦年主義という。その年の中途において死亡または出国の場合は，その年の1月1日から死亡または出国の日までが計算期間となる。廃業した場合は，その年の1月1日から廃業の日までが計算期間となる。また，個人が開業（自営）した場合は，開業の日から12月31日までが計算期間となる。

### （3）納税義務者

　所得税法は原則として個人に課税されるが，法人が利子等の特定利子を受ける時は，その利子に対して利子所得としての所得税が課税される。納税義務者は，居住者，非居住者，非永住者，法人のいずれになるかによって課税される所得の範囲に違いがある。

　1）　居住者

　居住者とは，日本に住所または現在まで引き続き1年以上の居所がある個人をいう。居住者は，すべての所得，つまり日本国内のほか外国で生ずる所得についても所得税法の納税義務者になる。

　2）　非居住者

　非居住者とは，日本に住所または1年以上居所がない個人をいい，日本国内に源泉がある所得について所得税の納税義務がある。

　3）　非永住者

　非永住者とは，日本に永住する意思がなく，現在まで引き続いて5年以下の期間，国内に住所または居所のある個人をいう。非永住者には日本国内に源泉がある所得の全部と外国に源泉のある所得のうち日本国内で支払われ，または日本国内に送金のあったものについて，原則として所得税の納税義務がある。

　4）　内国法人

　内国法人とは，日本国内に本店や主たる事務所がある法人をいう。内国法人には日本国内に源泉がある所得のうち，利子，配当等，利益の分配，料金または馬主が受ける競馬の賞金について，原則として所得税の納税義務がある。

5）外国法人

　外国法人とは，内国法人以外の法人をいう。外国法人には，日本国内に源泉
のある所得のうち，利子，配当等，各種使用料，人的役務の提供を内容として
支払を受ける報酬，料金その他一定のものについて所得税の納税義務がある。

6）源泉徴収義務者

　源泉徴収義務者も，特定の所得に対して源泉徴収後，徴収額を納税すること
になるので納税義務者になる。


**（4）非課税所得，免税所得及び軽減免税**

1）非課税所得

　所得税法には，社会政策上や課税技術上の観点から課税しない非課税所得が
ある。非課税所得には，人的非課税と物的非課税がある。

①人的非課税

　　治外法権者，地方公共団体・政府が出資する機関，特定の外国法人，外
　交官等，特定の者に対して所得税は課税されない。

②物的非課税

　　物的非課税とは，特定のものに対して所得税を課さないことをいい，次
　のものがある。

　㋐ 社会政策的な配慮によるもの…傷病者や遺族の受ける恩給及び年金。

　㋑ 担税力（税を負担する力）の配慮によるもの…一定の損害賠償金，学資
　　金や扶養義務履行の給付，子供銀行の預貯金利子等。

　㋒ 実費弁償的性格によるもの…給与所得者の通勤費や出張旅費。

　㋓ 2重課税排除の配慮によるもの…相続によって取得した資産。

　㋔ 公益目的によるもの…文化功労者年金やノーベル賞の賞金や宝くじ等
　　の当選金品。

2）免税所得

　産業政策上，或は社会政策上特定の所得について所得税を免除する免税所得
がある。これには開墾地等から生ずる農業所得，農家が飼育した肉用牛の売却

から生ずる農業所得がある。この適用を受けるには一定の手続による申告が必要である。

### 3）軽減免除

軽減免除とは，災害減免法に規定されているもので，震災，火災その他これに類する災害により，自己や扶養親族の所有する住宅または家財に甚大な被害を受け，その年の合計所得金額が一定額以下である者に対して，その年分の所得税を減免または免除することをいう。

### (5) 所得の種類

所得税法では，所得をその発生形態等により次の10種類に区分して，個別に所得金額を計算する。

1）利子所得　　　2）配当所得　　　3）不動産所得　　　4）事業所得
5）給与所得　　　6）退職所得　　　7）山林所得　　　8）譲渡所得
9）一時所得　　　10）雑所得

### 1）利子所得

利子所得とは，公社債及び預貯金の利子，合同運用信託及び公社債投資信託の収益分配に係る所得，従業員が受ける社内預金の利子等をいう。

但し，次に挙げる利子は利子所得にはならない。

①一般の貸金業者の収入である利子（これは事業所得になる）。

②学校債や組合債の利子，事業者でない者の貸付金利子，割引債の償還差益，相互掛金の給付補填金等（これらは雑所得になる）。

### 2）配当所得

配当所得とは，法人から受ける利益の配当（中間配当を含む），協同組合から受ける剰余金の分配（出資に係るものに限る），相互保険会社から支払われる基金利息，公社債投資信託以外の証券投資信託の収益の分配（株式を運用対象としたものに限る）等による所得をいう。

### 3）不動産所得

不動産所得とは，不動産の貸付，不動産の上に存する権利（地上権，永小作

権，地役権，借地権，借家権等）の貸付，船舶または航空機の貸付による所得を
いう。

　4）事業所得

　事業所得とは，農業，漁業，製造業，卸売業，小売業，サービス業等の営業
等から生じる所得をいう。また，農事組合法人や漁業生産組合から支払を受け
る従事分量分配金，協同組合等から支払を受ける事業分量配当も事業所得にな
る。

　①事業所得の総収入金額

　事業所得の総収入金額となるのは，その年において収入となることが確定し
た取引の金額である。つまり，収入の計上基準として，収入すべき権利が確定
した時点で収入として計上する。これを権利確定主義という。

　総収入金額には次のものがある。

㋐ 売上高（総売上高から売上値引・返品・割戻しの額を控除した純売上高）。

㋑ 自家消費（棚卸資産としての商品を個人的に使用した場合，棚卸資産を購入したと
　　きに仕入勘定で処理するため，個人的に使用した部分を，それに対応する総収入金
　　額として販売価格で計上することを原則とする）。

㋒ 贈与（自家消費と同様の処理である）。

㋓ 低額譲渡（棚卸資産を通常の販売より低い価額で販売等することをいい，自家消費
　　と同様の処理である）。

㋔ 商品等の棚卸資産の損害について受取る保険金，損害賠償金等。

㋕ 作業屑や空き箱等の売却代金，仕入割引。

㋖ 受贈益，引当金の戻入高。

　事業所得の総収入金額は，その年中に収入となることが確定した金額である
から，売上代金が未収であっても収入金額に含まれる。企業会計上，受取利息・
受取配当金・有価証券売却益・固定資産売却益等は収益に含まれるが，事業所
得の総収入金額に含まれない。受取利息は利子所得または雑所得，受取配当金
は配当所得，有価証券売却益及び固定資産売却益は譲渡所得となる。

＊これらの場合の仕訳において，貸方は「事業主借」勘定を用いる。

②事業所得の必要経費

　所得税法上の必要経費とは，原則として総収入金額を得るために直接要した（間接的なものは含まれない）支出の額をいい，その年における販売費及び一般管理費，その他の費用の額をいう。必要経費は原則として債務の確定したものであり，これを債務確定主義という。しかし減価償却費は必要経費として認められている。

　必要経費には次のものがある。

㈠売上原価

　売上原価は販売した商品に対応する原価のことである。売上原価を算定するとき重要になるのは，期末商品の棚卸高をいくらにするかという問題である。これは，期末商品棚卸高の額が売上原価の額を（従って利益の額を）左右するからである。所得税法では，期末商品棚卸高の商品単価の計算に際して原価法及び低価法を認めている。原価法については次の6つの方法を認めている（所令99①）。

　i　個別法　　ii　先入先出法　　iii　総平均法　　iv　移動平均法
　v　最終仕入原価法　　vi　売価還元法

　上記vの最終仕入原価法とは，年末に一番近い時点で仕入れた商品の仕入単価を用いて期末棚卸高を計算する方法である。必ずしもすべての事業者が商品有高帳を記帳しているとは限らないためであり，また，実務上最も簡便な方法であるといえる。

㈡給与

　給料または報酬，賞与，退職給与を合わせて給与というが，事業主に対する給与は必要経費にならない（事業主個人の生活費を含む稼ぎは，事業所得の金額で表現される）。また，事業主の家族従業員以外の従業員に対しての給与は必要経費になるが，事業主の家族従業員に対する給与は，事業主が青色申告者である場合で，青色事業専従者の届出書を所轄税務署に提出している場合は届出額の

範囲以内の支給金額が必要経費になる。事業主が白色申告者である場合は，家族従業員1人につき，次のア）及びイ）のうち，いずれか低い金額が事業専従者控除として必要経費になる。

　　ア）事業主の配偶者である専従者　　86万円

　　　　それ以外の専従者　　　　　　　50万円

　　イ）（事業専従者控除額控除前の事業所得，不動産所得及び山林所得の合計額）÷（事業専従者数＋1）

　なお，青色事業専従者または事業専従者の適用を受けた家族従業員は，事業主の所得控除としての配偶者控除または扶養控除の適用は受けられない。

　㈡租税公課

　固定資産税，事業税，自動車税，所得税の延納に係る利子税，印紙税等の内，事業用部分については租税公課として必要経費になるが，所得税，住民税，相続税，贈与税及びこれらの加算税，延滞税，罰金，科料，過料等の罰科金は，必要経費にならない。

　㈣減価償却費

　所得税の減価償却費は強制適用であり，原則として定額法で行う。届出により定率法による減価償却が認められる。

　㈺家事関連費

　家事関連費とは，事業用と家事用が含まれる支出をいう。事業遂行上必要な割合に限り必要経費にできる。これには，固定資産税，地代，家賃，水道光熱費，通信費，車両関係費等がある。

　③事業主勘定

　所得税の納付額は必要経費にならないため，納付の際に事業用の資金を用いるならば，いったん投入した資本金（もとで）を引き出すことになる。従って，この場合の会計（簿記）処理としては，「引出金」勘定の借方に記入することになる。しかし所得税税務会計では，「引出金」勘定を使用せず，「事業主貸」勘定を使用し，その借方へ記入する。また，所得税法では「資本金」勘定の代わりに「元入金」勘定を用い，追加元入れした場合には「事業主借」勘定を使

用し，その貸方へ記入する。

　「事業主貸」，「事業主借」，「元入金」の勘定科目は，国税庁が作成する収支内訳書と所得税青色申告決算書にあらかじめ記載されている。これらの勘定科目は，事業主自身の勘定であるため，翌事業年度の初日に，「事業主借」勘定及び「事業主貸」勘定の残高を「元入金」勘定に振替える。

（処理例）

1．取引の仕訳

　1）3月15日にA税務署で確定申告をおこない，所得税￥600,000を事業用の現金で支払った（単位：円）。

　　　（借）事業主貸　600,000　　　　　（貸）現　　金　600,000

　2）A税務署より予定納税の納付書が送付されたので，7月31日に第1期分￥200,000を事業用の現金で支払った。

　　　（借）事業主貸　200,000　　　　　（貸）現　　金　200,000

　3）翌年の3月15日に確定申告をおこない，前年分の所得税額を計算したところ，￥300,000であった。第1期及び第2期の予定納税分￥400,000との差額￥100,000の還付を口座振り込みにより受けた。

　　　（借）預　　金　100,000　　　　　（貸）事業主借　100,000

2．個人事業者であるB氏の，ある年分の決算整理後の事業主貸勘定，事業主借勘定，元入金勘定，所得金額のそれぞれの残高が，￥400,000，￥200,000，￥1,000,000，￥100,000である場合の翌事業年分初日（1月1日）の元入金勘定の残高を算定すれば￥900,000となる。

　　計算式を示すと次のようになる。

　　　￥200,000＋￥1,000,000＋￥100,000－￥400,000＝￥900,000

㈎青色申告特別控除

　事業所得に係る取引を正規の簿記の原則に従って記録し，所定の要件を満たしている青色申告者は，事業所得の金額から青色申告特別控除額65万円まで（10万円または55万円あるいは65万円）を差引くことができる。

④事業所得申告用の定形決算フォーム

　総収入金額と必要経費を算定して所得金額を確定させる，その計算のための用紙は国税庁によって定められており，青色申告者の場合には「所得税青色申告決算書」{損益計算書と貸借対照表（資産負債調べ）}に，白色申告者の場合には「収支内訳書」（損益計算書等）に記載して，所得税確定申告時に申告書と併せて所轄税務署に提出する。

⑤事業所得金額の持つ意味

　事業所得として算定された金額の持つ意味は，当該事業者のその事業年分の，いわば稼ぎを表示するものである。これに減価償却費等を整理した現金ベースの金額は1年間の生活費を含む支出額及び貯蓄額となる。所得金額が比較的多い場合は，消費及び貯蓄の増加或いは他者への貸付を意味し，逆に所得金額が生活費より低い場合は貯蓄の取り崩し或いは他者からの借入金で生活していたことを意味する。このように事業所得として算定された金額の持つ意味は現実の生活と直接的に結びつく数値を示している。この点が法人税における所得金額が示す意味とは全く異なることに留意すべきである。

　5）給与所得

　給与所得とは，俸給，給料，賃金，歳費（国会議員が受け取る給与）及び賞与その他これらの性質を持っている所得をいう。

　6）退職所得

　退職所得とは，退職に際し勤務先から受ける一時恩給や退職金等の所得をいう。また，社会保険制度に基づいて支払を受ける退職一時金は勤務先から支給されるものではないが，過去の勤務により一時的に支給される点で一般の退職金と同様とされることから退職所得になる。

　7）山林所得

　山林所得とは，山林を伐採して譲渡したり，立木のまま譲渡することにより生じる所得をいう。但し，山林を取得してから5年以内に伐採または譲渡した場合は，山林所得ではなく事業所得または雑所得になる。山林を山ごと譲渡した場合，土地の部分は譲渡所得となる。

8）譲渡所得

　譲渡所得とは，販売を目的としない土地，借地権・家屋・車輌等の資産を譲渡したり交換したことにより生ずる所得をいう。

　また，生活用動産のうち貴金属や書画骨董等で1個または1組の価額が30万円を超えるものを譲渡して生じた所得も譲渡所得になる。

9）一時所得

　一時所得とは，営利を目的とする継続的な行為から生じる所得ではなく，労務その他の役務または資産の譲渡の対価の性質を持たない所得で一時的に生ずる所得をいう。これには，懸賞の賞金，借家人が受け取る立退料，生命保険契約や損害保険契約の満期返戻金等がある。

10）雑所得

　雑所得とは，上記1）から9）までの所得のいずれにも該当しない所得をいう。例えば，非営業用資金の利子，郵便年金・生命保険年金・学校債・組合債の利子，公的年金，国税・地方税に係る還附加算金，非営業の講演料や原稿料・印税等が雑所得になる。

## （6）課税される各種の所得計算

　10種類に区分された所得の金額は，次のように算定される。

10に区分された所得金額の計算が，少しずつ異なっているのは，「総収入金額－必要経費＝所得金額」を基本としながら，それぞれの所得の，経済・経営活動の実態に合わせて，所得金額を公平に評価しようとするためである。

1）利子所得の金額＝収入金額

2）配当所得の金額＝収入金額－元本を取得するために要した負債の利子

3）不動産所得の金額＝総収入金額－必要経費

4）事業所得の金額＝総収入金額－必要経費

5）給与所得の金額＝収入金額－給与所得控除額－所得金額調整控除

6）退職所得の金額＝（収入金額－退職所得控除額）÷2

7）山林所得の金額＝総収入金額－必要経費－特別控除（50万円以内）

　8）譲渡所得の金額＝総収入金額－（取得費＋譲渡費用）－特別控除（50万円以内）

　9）一時所得の金額＝総収入金額－支出した金額－特別控除（50万円以内）

10）雑所得の金額＝総収入金額－必要経費


### （7）分離課税を行う所得

　所得税は，すべての所得を総合して税額計算（総合課税）するのが原則である。しかし，利子所得のように原則として源泉分離課税（確定申告を必要としない）となっているもの，退職所得，山林所得，土地，建物等や株式等の譲渡所得，先物取引に係る雑所得等のように申告分離課税（確定申告書の中で分離して計算する）となるものもある。

　1）利子所得

　公社債及び預貯金の利子等の利子所得は原則として15.315％（他に住民税5％）の税率による源泉分離課税となる。

　2）退職所得

　会社等を退職し退職金を受領する時は，収入金額から退職所得控除を差引いた金額の2分の1に税率を乗じた額が源泉徴収される。また，退職金支給時に，「退職所得の受給に関する申告書」を支払者に提出しなかった場合は，20.42％の税率で源泉徴収される。退職所得とは別に事業所得の損失，総合課税の譲渡所得の損失があり，その損失が総合課税の他の所得金額と差引してもなお損失がある場合等には，申告によって納税額が還付される場合がある。

　3）山林所得

　山林所得は，課税山林所得金額の5分の1に相当する金額に一般の税率（累進税率）を乗じて算出して得た金額を5倍して税額が算定される（五分五乗方式）。従って，税額計算に当たっては，他の所得と総合して課税されない。

　4）土地建物等の譲渡所得

　土地，借地権や建物等を譲渡した場合の所得は，その所有期間によって短期譲渡所得または長期譲渡所得に区分され，他の所得と分離して課税される。短期譲渡所得とは，譲渡の年の1月1日において所有期間が5年以下の場合をい

い，5年を超える場合は長期譲渡所得という。

　5）株式等に係る譲渡所得等

　株式等の譲渡による所得については，原則として申告分離課税になるが，上場株式において特定口座を設け源泉分離課税を選択することができる。公社債（新株予約権付社債等を除く）貸付信託の受益証券の譲渡による所得は非課税となる。

### （8）所得の総合

　所得税では，納税者ごとに1暦年間の所得を総合して課税を行うため，各所得金額を総合する。この場合，源泉分離課税とされる利子所得，申告しない事を選択した配当所得や株式の譲渡所得，土地等建物等の譲渡所得は総合の対象外となる。

　計算は，まず，利子，配当，不動産，事業，給与，譲渡，一時及び雑の各所得金額を総合して総所得金額を算出する。

　山林所得や，退職所得，分離課税の短期（長期）譲渡所得，株式等に係る譲渡所得等がある時，各所得金額は，総所得金額，山林所得金額，退職所得金額，分離課税の短期（長期）譲渡所得金額，株式等に係る譲渡所得金額に分かれる。

### （9）損益通算

　2種類以上の所得があり，これらの所得金額の合計を行う場合に，事業所得や不動産所得，山林所得，総合課税の譲渡所得金額，一定の居住用財産の譲渡損失の金額があり，これらの所得金額にマイナスがあるときは，マイナスの金額を一定の順序に従ってその年の他のプラスの所得金額から控除して総所得金額を計算する。このことを損益通算という。どの所得金額が損益通算の対象となるかは，所得の性質にもよるが政策によることもある。

# 第6章　個人収得税（所得税法）（2）及び復興特別所得税

## （10）所得控除

所得税法は申告納税であり，所得控除を適用すれば税額は減少する。基礎控除のようにあらかじめ決定されている控除もあるが，適用は納税者の判断による。所得控除の適用は，納税者自身の節税の視点より重要である。

所得控除は社会政策または経済政策目的によるもの，生活保障目的によるもの，申告者の個人的な事情を考慮したもの等で，全部で15種類ある。

### 1）雑損控除

災害や盗難，横領により住宅や家財等に損害を受けた場合や，災害等に関連して支出をした場合に控除できる。

### 2）医療費控除

自己や生計を一にしている配偶者その他の親族のために支払った医療費が一定額以上，或は算定額以上ある場合に控除できる。医療費控除はセルフメディケーション税制との選択適用である。

### 3）寡婦控除（270,000円）（所・80）

その年の12月31日の現況で「ひとり親」に該当せず，次のいずれかに該当する人は寡婦控除の適用を受けることができる。

①夫と離婚した後婚姻をしておらず扶養親族がいる人で，合計所得金額が一定額以下の人

②夫と死別した後婚姻をしていない人或いは夫の生死が明らかでない一定の人で，合計所得金額が一定額以下の人。

但し，納税者と事実上婚姻関係と同様の事情にあると認められる一定の人がいる場合は対象とならない。

　4）ひとり親控除（350,000円）（所・81）

　本人の合計所得金額が500万円以下であり，その人と事実上婚姻関係と同様の事情にあると認められる一定の人がおらず，生計を一にする子がいる者（この場合の子はその年分の総所得金額等が48万円以下で，他の人の同一生計配偶者や扶養親族になっていない者）はひとり親控除の適用を受けることができる。

　寡婦控除は主として結婚後，子を扶養している女性に対してのものであり，ひとり親控除は，結婚しておらず子を扶養している男性または女性に対する控除である。

　5）障害者控除（所・79）

　自己またはその控除対象配偶者及び扶養親族がその年の12月31日（年の中途で死亡した場合には，その死亡の日）において身体障害者，市区町村長の認定を受けた65歳以上の人や特別障害者である場合控除できる。

　6）勤労学生控除（270,000円）（所・82）

　自己が学校教育法第1条に規定する学校等の学生等であって，合計所得金額が一定額以下で，一定の条件を満たす者は控除できる。

　7）社会保険料控除

　自己や自己と生計を一にしている配偶者その他の親族のために，自己が負担した社会保険料（健康保険，厚生年金，厚生年金基金，国民健康保険，国民年金，国民年金基金，介護保険料等）は，その年に支払った金額が控除できる。

　8）小規模企業共済等掛金控除

　小規模企業共済法に規定する共済契約により中小企業事業団に掛金等を支払った場合に，支払った金額を控除できる。

　9）寄附金控除

　国や地方公共団体，社会福祉法人，認定NPO法人等特定の団体に支出した寄附金や特定の政治献金等を支出した場合に一定の金額が控除できる。

　10）生命保険料控除

　生命保険や生命共済等で，自己が支払った保険料がある場合に，一定の計算に従う金額を，一般の保険料，介護医療保険料，個人年金保険料とに区別して

控除できる。

11）地震保険料控除

地震保険等の損害保険契約について，自己が支払った保険料がある場合に，一定の計算に従う金額が控除できる。

12）配偶者控除（最高38万円・老人控除対象者最高48万円）（所・83）

自己と生計を一にする配偶者で，その年の合計所得金額が一定額以下の人で，一定の条件を満たす者は控除される。

13）配偶者特別控除（最高38万円）（所・83の2）

自己のその年の合計所得金額が一定額以下で，生計を一にする配偶者（青色事業専従者や白色事業専従者である者は除く）のその年の合計所得金額が，一定範囲内にある場合に，その配偶者の所得の金額によって段階的に区分された所定の金額が控除される。

14）扶養控除（所・84，所措41の16）

年齢ごとに，また老親については同居か否かにより控除される額が定められている。

15）基礎控除（最高48万円）（所・86）

その年の合計所得金額が一定額以下の人で，一定の条件を満たす者は控除される。


## (11) 納付金額の算定

所得金額が算定されると，次の順序に従って，納付金額の算定を行う。

1）所得金額−所得控除額＝課税所得金額

損益通算後の課税所得金額をいくつかに分類して税率をかけることになる。課税所得金額の持つ意味は，その金額には税を負担する力（担税力）があると認識される金額である。逆に云えば，所得控除金額を差し引いた後の金額は，所得税を申告するその人の，1年間の生活に必要な金額を差し引いた後の金額を示している。この金額は，生活費を除いた1年間の余剰金額と認識することができる。

２）課税所得金額×税率＝所得税額

３）所得税額×2.1％＝復興特別所得税額

４）所得税額＋復興特別所得税額＝算出税額

５）算出税額－税額控除－源泉徴収税額－予定納税額＝納付税額

６）納付税額－延納届出額＝申告期限までに納付する金額

### (12) 税率

　垂直的公平の考え方に適合した税率が累進税率である。実際の適用は超過累進税率である。

　所得税の税率は，課税所得金額をいくつかの段階に区分して，課税所得金額が増えるに従い，段階的に税率が高くなる超過累進税率を採用している。課税される総所得金額に対する税額算定の速算表は図表6－1に示すとおりである。

図表6－1　課税総所得金額に対する税額算定の速算表

| 課税総所得金額（A） | | 税率 | 控除額 | 税　額 |
|---|---|---|---|---|
| 以上 | 未満 | (B) | (C) | (A)×(B)－(C) |
| － | 195万円 | 5％ | － | (A)×5％ |
| 195万円 | 330万円 | 10％ | 97,500円 | (A)×10％－　　97,500円 |
| 330万円 | 695万円 | 20％ | 427,500円 | (A)×20％－　427,500円 |
| 695万円 | 900万円 | 23％ | 636,000円 | (A)×23％－　636,000円 |
| 900万円 | 1,800万円 | 33％ | 1,536,000円 | (A)×33％－1,536,000円 |
| 1,800万円 | 4,000万円 | 40％ | 2,796,000円 | (A)×40％－2,796,000円 |
| 4,000万円 | － | 45％ | 4,796,000円 | (A)×45％－4,796,000円 |

　また所得税の超過累進税の仕組みを示せば図表6－2のようになる。

### (13) 税額控除

　税額控除は政策の目的等により設けられているもので，主なものに以下がある。

１）配当控除

　総所得金額の内に，内国法人から支払を受ける配当（建設利息や基金利息，確

図表 6 - 2　　所得税の超過累進税の仕組み
（課税所得税額，税率及び税額の関係）

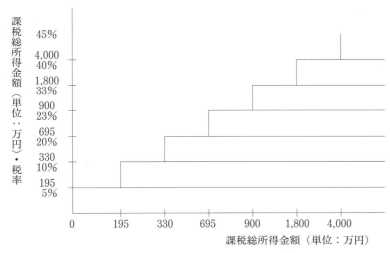

（出所：濵沖作成）

定申告をしないことを選択した配当等を除く）や，特定株式（証券）投資信託の収益の分配に係る配当所得がある場合には，所定の金額が控除される。

2）住宅借入金等特別控除

申告者が，一定の要件に当てはまる住宅を新築，購入または増改築して 6 か月以内に居住した場合で，その家屋取得のために一定の借入金等がある場合に，毎年末残高を基に計算した額が控除できる。

3）寄附金税額控除

特定の政治献金のうち政党や政治資金団体に対するもの，一定の要件を満たす公益社団法人等に対する寄附金について控除を受けることができる。但し，寄附金控除との二重控除はできない。

4）災害減免額

その年の総所得金額が一定額以下の人が，災害により住宅や家財について損害を受け，その損害額（保険金，損害賠償金等で補填される部分を除く）が，住宅

や家財の価額の 2 分の 1 以上の場合に減免を受けることができる。但し，その損害について雑損控除との二重適用はできない。

　5）外国税額控除

　その年において，納付する外国所得税がある場合等に控除できる。

　6）その他の税額控除

　その他の税額控除として，青色申告者には，試験研究費の額に対する特別控除，中小企業者が機械等を取得した場合の特別控除，情報通信機器を取得した場合の特別控除，その年分の時限措置としての控除がある。

### （14）復興特別所得税

　「東日本大震災からの復興のための施策を実施するために必要な財源の確保に関する特別措置法」（平成23年法律第117号）が平成25年 1 月 1 日から実施された。これは平成25年分から令和19（2037）年分の所得について，毎年の所得税額に対して2.1％の附加税を所得税と併せて納付するというものである。

### （15）確定申告

　所得税は，納税者自身が自己の所得及び税額を計算し，それを確定申告書に記載して税務署へ提出するとともに税金を納付する申告納税制度を採用している。この申告納税制度は，自己の計算で納税額を確定し，納税するもので，その意義は大きい。

　納税義務者は自己の所得税額に関する計算を行い，それを確定申告書等に記載して，翌年の 2 月16日から 3 月15日までの間に，所轄（国税当局が定めた区域）税務署長に提出し，納税しなければならない。3 月15日まで，としているのは決算書を作成するまでには，営業上の締切日等の関係で時間を要するためである。

＊納税者自身の計算で所得金額及び納税額を確定させるところに確定申告の特徴と意義がある。

＊国税庁のホームページで案内している「所得税の確定申告書」等のフォームを参照することは，所得税の全体像を理解するために有用である。

## 2．所得税税務会計

### (1) 事業所得申告用の定形決算フォーム

　総収入金額と必要経費を算定して所得金額を確定させる，その計算のための用紙は国税庁によって定められており，青色申告者の場合には「所得税青色申告決算書」{損益計算書と貸借対照表（資産負債調べ）}に，白色申告者の場合には「収支内訳書」（損益計算書等）に記載して，所得税確定申告時に申告書と併せて所轄税務署に提出する。

### (2) 事業主勘定

　所得税の納付額は必要経費にならないため，納付の際に事業用の資金を用いるならば，いったん投入した資本金（もとで）を引き出すことになる。従って，この場合の会計（簿記）処理としては，「引出金」勘定の借方に記入することになる。しかし所得税税務会計では，「引出金」勘定を使用せず，「事業主貸」勘定を使用し，その借方へ記入する。また，所得税法では「資本金」勘定の代わりに「元入金」勘定を用い，追加元入れした場合には「事業主借」勘定を使用し，その貸方へ記入する。

　「事業主貸」，「事業主借」，「元入金」の勘定科目は，国税庁が作成する収支内訳書と所得税青色申告決算書にあらかじめ記載されている固有の勘定科目である。

　これらの勘定科目は，事業主自身の勘定であるため，翌事業年度の初日に，「事業主借」勘定及び「事業主貸」勘定の残高を「元入金」勘定に振替える。

（処理例）

　1）取引の仕訳

　① 3 月15日に A 税務署で確定申告を行い，所得税￥600,000を事業用の現金

で支払った（単位：円）。

　　　（借）事業主貸　600,000　　　　　（貸）現　　金　600,000

②Ａ税務署より予定納税の納付書が送付されたので，7月31日に第1期分￥
　200,000を事業用の現金で支払った。

　　　（借）事業主貸　200,000　　　　　（貸）現　　金　200,000

　事業主個人の資金が事業に投入される場合は「事業主借」勘定を用いて処理
し，逆に事業の資金が事業主の事業に関係ない目的で回収された場合は「事業
主貸」勘定を用いる。このことは，個人の事業においては事業に関係のない個
人の資金が事業に投入されたり回収されているという現実に合わせた取扱いと
理解することができる。すなわち，個人事業の資金の流れは限定された組織体
（エンティティ）としての一つの纏まりを見せていない実情を反映したものであ
る。この点は，法人の代表格ともいえる会社組織の資金の流れと区別されるこ
とになる。このような事情から，個人事業者の青色申告の要件が正規の簿記と
規定されているのに対して，法人の青色申告の要件が複式簿記と規定されてい
ることと結び付くことになる。

③翌年の3月15日に確定申告を行い，前年分の所得税額を計算したところ，
　￥300,000であった。第1期及び第2期の予定納税分￥400,000との差額￥
　100,000の還付を口座振り込みにより受けた。

　　　（借）預　　金　100,000　　　　　（貸）事業主借　100,000

2）個人事業者であるＢ氏の，ある年分の決算整理後の，事業主貸勘定，事
　業主借勘定，元入金勘定，所得金額のそれぞれの残高が，￥400,000，
　￥200,000，￥1,000,000，￥100,000である場合の翌事業年分初日（1月1
　日）の元入金勘定の残高を算定すれば￥900,000となる。

　計算式を示すと次のようになる。

　　　￥200,000＋￥1,000,000＋￥100,000－￥400,000＝￥900,000


## （3）事業所得金額の持つ意味

事業所得として算定された金額の持つ意味は，当該事業者のその事業年分の，

いわば稼ぎを表示するものである。これに減価償却費等を整理した現金ベースの金額は1年間の生活費を含む支出額及び貯蓄額となる。所得金額が比較的多い場合は，消費及び貯蓄の増加或は他者への貸付を意味し，逆に所得金額が生活費より低い場合は貯蓄の取り崩し或は他者からの借入金で生活していたことを意味する。このように事業所得として算定された金額の持つ意味は現実の生活と直接的に結びつく数値を示している。この点が法人税における所得金額が示す意味とは全く異なることに留意すべきである。

### (4) 電子商取引の普及と働き方改革が所得税実務に与える影響

ソーシャルメディアのプラットフォームは，ウェブ上のサービスを展開する基礎となっており，インターネット上でユーザーが相互にコミュニケーションする場を提供することによって，シェアリングエコノミーやギグエコノミーなど新しい分野の経済活動が広がりを見せている。また政府が推進する働き方改革は，働き方の多様化や従業員に副業や兼業を認める企業の遍在化を後押ししており，所得税確定申告を要する納税者が増加している。

このような状況の下で，令和2年分から所得税確定申告書（第一表）の雑所得の区分に「業務」欄が新設された。その基となった令和2年度税制改正では，給与所得者等の副業から生ずる所得を「雑所得を生ずべき業務に係る雑所得」に分類することで，経済的実態に即した所得分類に区分し適正な課税の実現を図る税制面の整備を講じた。この副業に係る申告手続等の改正は，令和4年分以後の所得税について適用されるものである。令和4年10月には所得税基本通達の法35条（雑所得）関係が一部改正された。

他方，「令和2年度学生生活調査」（日本学生支援機構）によれば，学生生活費の一部はアルバイト収入で賄われている。その所得稼得形態は加速度的に多様化しており，大学生がモノやスキル，時間をシェアするサービスに従事している姿を市中で散見できる。

加えて，国税庁が『暗号資産に関する税務上の取扱いについて（FAQ）』を令和4年12月に更新したほか，『NFTに関する税務上の取扱いについて（FAQ）』

を令和5年1月に公開したことは，雑所得を生ずべき業務にかかる課税実務上，エポックメーキングとなった。

　以下本項では，大学生の日常生活を取り巻くシェアリングエコノミーのサービスをはじめ，暗号資産取引やNFT（非代替性トークン）という技術を利活用して副業を行う者の視座から所得税の実務について，税務申告の際に留意すべき点を述べたい。

　はじめに大部分の給与所得者（サラリーマンやパートタイマーなど）は，給与の支払者（勤務先）が行う年末調整によって源泉徴収された所得税額と納付すべき所得税額との過不足が精算されるため，一般的に確定申告の必要はない。

　しかし給与所得者でも，その給与所得以外に副業収入等によって20万円を超える所得を得ている場合には確定申告をしなければならない。

　給与所得者の副業収入としては，様々なものを想定できるが，これまでは，1）インターネットのオークションサイトやフリーマーケットアプリなどを利用した個人取引による所得，2）ビットコインをはじめとする暗号資産の売却等による所得，3）民泊による所得など[3]が例示されるに過ぎなかった。しかし近年，多くの企業がその従業員に対して副業や兼業を推奨した結果，給与所得以外の収入を得る人びとが増加し，その所得稼得形態の多様化が進んだ。このことは，学生生活を送るうえで，学費または生活費を補うために，従前がコンビニ，飲食店，学習塾などのアルバイト先から雇用契約に基づく給与所得を得ていた大学生についても同様である。

　今日のソーシャルメディアを介した個人間の単発または短期な業務委託には，Uber　Eats配達パートナー等のフードデリバリーサービスの配達員をはじめ，クラウドワークスやココナラなど個人のスキルを提供（シェア）するサービスを挙げられる。このほかAmazonなどのプラットフォーム上で展開するネット

---

3　国税庁「No.1906?給与所得者がネットオークション等により副収入を得た場合」
『タックスアンサー（よくある税の質問）所得税』
https://www.nta.go.jp/taxes/shiraberu/taxanswer/shotoku/1906.htm，閲覧日2021年12月1日。

通販，近時では自己が制作したデジタルアートを紐付けたNFT（Non-Fungible Token・非代替性トークン；ブロックチェーンを基盤にして作成された代替不可能なデジタルデータのこと）を組成し販売する形のインターネットビジネスなどから稼得する学生も少なくない。

　NFTの基盤は，ブロックチェーン技術に依っている。ブロックチェーンを維持管理するための作業はマイニングと呼ばれており，その作業報酬がビットコイン（BTC）である。ビットコインは，匿名で利用できる資金の移動手段という点が注目された結果，投機・投資の対象となっている。

　ビットコインの売買は暗号資産取引の一つである。近年では分散型金融（DeFi）の発達によって，暗号資産の貸付を行い，賃貸収入を得るなど取引は多様化しているが，現行法上，DeFiの取引から生じた所得も雑所得に区分して申告する。

　このほかスマートフォンにアプリケーションをダウンロードしてプレイできるブロックチェーンゲームには，NFTに紐付くゲーム内アイテムが高額で取引される事象も現出した。

　たとえば国際オリンピック委員会（IOC）が共同制作した2022年の第24回オリンピック冬季競技大会（2022/北京）の大会公式ブロックチェーンゲームOlympic Games Jam：Beijing 2022では，プレイヤーはゲームをプレイし，その報酬として，NFTピンバッジやゲーム内通貨（VTG）を取得する機会がある。NFTピンバッジとは，過去の五輪大会のポスターやエンブレム，マスコット，競技のピクトグラムなどオリンピックに関する知的財産を使用したデジタルグラフィックを紐付けたNFTである。このNFTは，電子商取引プラットフォームのnWayPlay内で売買できる。またVTGは，交換所で暗号資産に直接交換が可能である。

　このようにゲーム内アイテムを直接または間接に換金できる場合，ゲームの報酬は所得税の課税対象となる。その所得金額は，原則として，その年にゲーム中で得たNFTの時価評価額の総額から，ゲームの報酬を得るために使用したNFTの購入価額等の総額を差し引いて計算する。

　しかし実務上，ブロックチェーンゲームにおいては，NFTに紐付けられたゲーム内アイテムの取得や使用が頻繁に行われ，その都度の時価評価は，煩雑さを否めないため，年末に一括で評価する簡便法で雑所得の金額を計算するのが一般的である。

　以上のような副業等を営む人びとは，令和4年分以後の所得税確定申告の手続き面において，1）収益費用の帰属時期，2）請求書や領収書等の保存義務，3）収支内訳書の添付義務，を確認したい。これらの論点は，課税庁において，納税者に過度の負担を強いることを回避する観点から，その業務に係る前々年の収入金額の規模に応じて課しているので慎重な適用判定を要する。

　まずは，前々年の副業収入が300万円以下の小規模な業務を行う者に限って，現金主義による所得計算の特例を適用することができる。本特例により納税者の経理事務負担は軽減されるが，この特例を適用する納税者は，所得税確定申告書にその旨を記載しなければならない。

　つぎに，前々年の副業収入が300万円を超える場合は，その業務に関連する請求書や領収書など（現金預金取引等関係書類）を5年間保存しなければならない。これに加え，電子帳簿保存法上，令和6年1月1日以降に電子データで送付・受領した請求書や領収書は，紙にプリントアウトして保存する場合，出力書面だけでなく電子データのまま保存する必要もある。

　最後に，前々年の副業収入が1,000万円を超える者には，提出する所得税確定申告書に収支内訳書の添付が義務づけられた。実務上このような規模で副業を営んでいる場合には，営利性・継続性・企画遂行性の点から事業所得と認められる事実があるか否かを確認したうえで，その所得金額は，業務に係る雑所得ではなく事業所得と取り扱い確定申告することを検討されたい。ただし暗号資産取引は，他の副業とは性質を異にするものと考えられているため，納税者がその取引で生計を立てているということが客観的に明らかな場合を除き，原則として雑所得に区分して確定申告しなければならない。

# 第7章　個人収得税他

## 1．個人事業税

### (1) 個人事業税の納税者

個人事業税を納める者は，第一種事業，第二種事業及び第三種事業を行う個人である（地・72の2）。林業や鉱物の採掘事業には課税されない。

 1）第一種事業　物品販売業，運送業，飲食店業等，いわゆる営業に属する事業。

 2）第二種事業　畜産業，水産業，薪炭製造業。

 3）第三種事業　医業及び弁護士業等の自由業者。

### (2) 個人事業税の計算

 1）納付額の計算

個人事業税の計算は，個人の事業に係る前年中の総収入金額から必要経費を控除した所得から，事業主控除等を差引いた金額に税率をかけて税額を算定する。利子や配当，譲渡に係る所得については課税されない。

 2）税率　各事業の標準税率は以下のとおりである。

  ①第一種事業　所得の100分の5

  ②第二種事業　所得の100分の4

  ③第三種事業　所得の100分の5

  （第三種事業のうち助産婦，あん摩マッサージ等　所得の100分の3）

 3）申告・納付

  ①申告

納税義務者は前年の所得金額，その他必要な事項を3月15日までに事務所の

ある都道府県の知事に申告しなければならない。但し，所得税の確定申告書を提出した者は，事業税の申告書を提出する必要がない。これは所得税の申告書を提出した個人事業者については，その情報が都道府県に送られ，都道府県から事業税の納付書が送付されるためである。また都道府県民税の申告書を提出した者も事業税の申告書を提出する必要がない。

　②納付

　納付は，都道府県知事からの納税通知書に記載された税額を8月と11月に分けて（事業税額が一定金額以下の者はいずれか1回），都道府県庁または代理の金融機関等の窓口にそれぞれの月の末日までに行う。また，一括しての納付も可能である。申告と納付の関係を示せば図表7－1のようになる。

図表7－1　個人事業税課税の仕組み

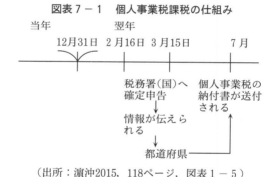

（出所：濵沖2015，118ページ，図表1－5）

4）個人事業税の会計処理

　個人事業税の支払いは必要経費に算入される。個人事業税を現金で納付した時の仕訳は以下のようになる。

　（借）（租税公課（または事業税））　○○○円　　（貸）（現　金）　○○○円

## 2．個人住民税

　個人に対する都道府県民税及び都民税（以下では都道府県税とする），市区町村民税及び特別区民税（以下では市町村民税とする）を併せて個人住民税とい

う。都道府県民税には，均等割，所得割，利子割，配当割，株式等譲渡所得割
がある。市町村民税には均等割と所得割がある。

**(1) 納税義務者**（地・24，294）

1）均等割の納税義務者

均等割の納税義務者は以下である。

①都道府県民税

都道府県内に住所を有する個人。都道府県内に事務所等を有し，事務所等の
所在する市区町村に住所を有しない個人。

②市区町村民税

市区町村に住所を有する個人。市区町村内に事務所等を有し，事務所等の所
在する市区町村に住所を有しない個人。

2）所得割の納税義務者

所得割の納税義務者は以下である。

①都道府県民税・・・都道府県内に住所を有する個人。

②市区町村民税・・・市区町村内に住所を有する個人。

3）利子割の納税義務者

利子割の納税義務者は利子等の支払を受ける個人である。

4）配当割の納税義務者

配当割の納税義務者は都道府県内に住所を有し，一定の配当の支払を受ける
個人である。

5）株式等譲渡所得割の納税義務者

株式等譲渡所得割の納税義務者は都道府県内に住所を有し，上場株式等の譲
渡の対価の支払を受ける個人である。

個人住民税のうち均等割及び所得割を納める義務のある者は，都道府県や市
区町村に住所または事務所等を有する者であるが，これを整理すると次のよう
になる。

①市区町村内に住所を有する者…均等割額と所得割額の合算額

②市区町村内に事務所を有し，その市区町村内に住所を有しない者…均等割
　額

　個人住民税（都道府県民税利子割，配当割及び株式等譲渡所得割を除く）についての事務手続は，市区町村において行われる（賦課課税）。なお，利子割，配当割及び株式等譲渡所得割については，それぞれ特別徴収により徴収されるので，都道府県への申告・納付は，特別徴収義務者である金融機関，配当の支払者または証券業者等が行う。


## (2) 税額の計算

　所得割及び均等割はいずれも前年の所得が一定以下等の者には課税されない等の措置が取られている（地・24の5，295）。

　1）均等割（地・38，310）

　均等割は地域住民が等しく負担する意味合いがある（応益税）。

①市区町村民税の標準税率は，年額3,500円である（地・310）。

②都道府県民税の標準税率は，年額1,500円である（地・38）。

　2）所得割（地・32〜37の2，313〜317）

　所得割は個人の所得金額に応じて課税される（応能税）。前年中の所得金額を基に都道府県民税，市区町村民税ともに下記の順で計算される（賦課課税）。

①所得金額の計算・・・・・「収入金額」−「必要経費等」

②所得控除の計算

③課税所得金額（課税標準）・・・・・①−②＝③

④税率の適用

⑤算出税額・・・・・③×④＝⑤

⑥税額控除の計算

⑦定率による税額控除前の所得割額・・・・・⑤−⑥＝⑦

⑧定率による税額控除額の控除

⑨所得割額・・・・・⑦−⑧＝⑨

　所得割の基礎となる所得金額の計算は，計算の区分，所得金額の計算等，原

則として国税である所得税法に規定するところによって計算される。すなわち，利子所得，配当所得，不動産所得，事業所得，給与所得，退職所得，山林所得，譲渡所得（土地建物等の譲渡所得を除く），雑所得，土地等に係る事業所得，株式等に係る譲渡所得等，先物取引に係る雑所得の計算過程は，所得税の場合と同様に行われる。但し，いわゆる少額配当所得の課税の取り扱い等に若干の相違点がある。

　3）所得控除（地・34，314の2）

　所得控除については，所得税法では基礎控除が最高48万円であるのに対し，住民税では33万円等，所得税法の所得控除とはいくつか異なる点がある。

　4）納付額の計算

　所得金額から，所得控除額を差引いた額を課税所得金額という。この課税所得金額に税率を乗じて税額を算出する。ここでは，事業所得や不動産所得，給与所得等，一般の所得に対する標準税率を示しておく（土地建物等の譲渡や株式等に係る譲渡所得等に対する税額については省略する）。

　標準税率は，都道府県民税が4％，市区町村民税が6％併せて10％である。但し，指定都市に住所を有する場合は，それぞれ2％と8％である。課税所得金額に税率をかけた税額から住宅借入金等特別税額控除，配当控除・外国税額控除等を差引いて納付税額を計算する。

　5）申告・納税（地・45の2）

　個人住民税の申告は，その年の1月1日現在の住所がある市区町村長に対して3月15日までに行う。但し，所得税の確定申告書を所轄の税務署長宛に提出している場合や前年が給与所得だけの場合には，その情報が市区町村へ送られるため，個人住民税の申告は必要ない。

　納付は賦課課税であり都道府県民税と市区町村民税の納付書が個人に送付され，6月，8月，10月及び翌年の1月に分割して納付する。これを普通徴収という。

　この作業を行うのは市（区）町村でそこで合わせて都道府県の税額も算定される。

図表 7 － 2　　個人住民税の普通徴収の課税の仕組み

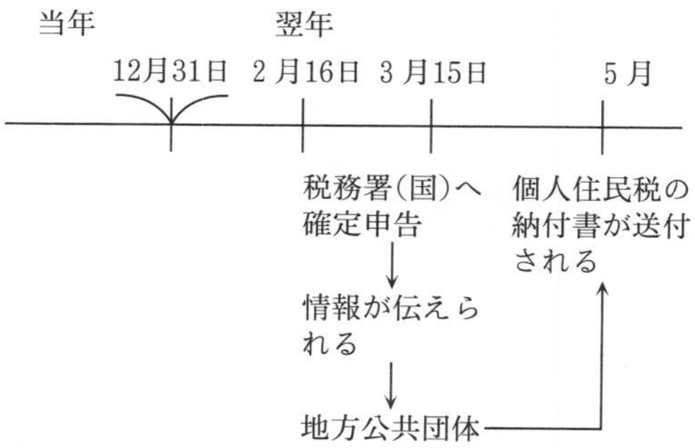

（出所：濵沖2015，122ページ，図表 1 － 6 ）

　個人住民税の普通徴収の課税の仕組みを示せば，図表 7 － 2 のようになる。
　これに対し，給与所得者については前年分の各人の納付額が給与の支払者に
送付され，所得税の源泉徴収と同様に，毎月の給与支払時に住民税額が差引か
れる。給与所得者から預かった住民税額は，給与の支払者がまとめて毎翌月納
付する。これを特別徴収という。個人住民税は特別徴収を原則としている。

### （3）個人住民税の会計処理

　個人事業者の住民税の支払いは所得税法上の必要経費にはならない。従って
個人住民税の納付を事業用の現金で行う場合の仕訳は，事業主貸勘定を使用し
以下のようになる。
　（借）（事業主貸）　　○○○円　　　（貸）（現　　金）○○○円

## 3．森林環境税及び森林環境譲与税

　国税である森林環境税及び森林環境譲与税に関する法律により，市区町村は
住民 1 人につき年間1,000円賦課徴収し国に納付する。森林の整備に関する施
策等の費用として国はこれを都道府県・市町村に譲与する。

# 第8章　法人収得税（法人税法1）

## 1．法人課税の基本

### (1) 法人実在説

　法人実在説は，法人は個人とは完全に独立して実在し，法人自体に経済取引を行う権利・義務能力があるとするものである。法人実在説では法人の所得に課税しても法人は支払能力を有しているとされる。そして課税後の所得を配当するならば，株主が得た配当所得にも課税されることになる。

　法人実在説の考え方は，まずは国が財政的に豊かでないと成り立たないとするもので，「国庫主義」と呼ばれている。わが国においては，先の大日本帝国憲法が欽定憲法（天皇が定める憲法）であったため，法人実在説が採用されてきた時期がある。この考え方のもとでは，法人税課税後に株主に配当したとき株主が得た配当所得にも課税されることになり，国としては多くの税を徴収することができる。

### (2) 法人擬制説

　これに対して法人擬制説は，法人は法律によって擬制的に人格を付与されたにすぎないとするものである。そして法人は経済取引の主体となるが，経済取引の実質は株主であると考える。法人擬制説によると法人の所得は結果として株主である個人に帰属するので，法人の所得には課税されることはなく，所得が配当として個人に渡った時に個人所得税を課税すればよいことになる。

　わが国の法人税の考え方はこの法人擬制説に近いものである。わが国の法人税の法人所得に課税する考え方は，すなわち法人税課税の根拠は，個人の株主に対する個人所得税の一部前払い（前受け）として法人税を捉えているところ

にある。従って，法人税の税率は，原則的には，一定（比例）税率である。

　課税後，その所得が配当として個人株主に渡り，そこで再び課税されると二重課税となるので，この二重課税を排除するために，法人税法では受取配当金の益金不算入が，そして所得税法で「配当控除」の制度が設けられている。この配当控除は，前払い（前受け）された法人税額を調整するためのものである。


### （3）法人税法の構成

　わが国における法人税法の成り立ちは，法人税法・法人税法施行令・法人税法施行規則及び法人税法の特例を規定する租税特別措置法で構成されている。


### （4）法人の種類

　法人税は法人の所得を課税標準として課税するものであるが，納税義務者との関係で法人を内国法人と外国法人に区分している。

　１）内国法人

　内国法人とは，国内に本店または主たる事務所を有する法人をいう。内国法人はさらに，①公共法人，②公益法人等，③人格のない社団等，④協同組合等，⑤普通法人に分かれる。

　①公共法人

　公共法人とは，公共の利益のために政府が出資している企業体をいう。公共法人には，都市基盤整備公団，日本放送協会等がある。

　②公益法人等

　公益法人等とは，利益または残余財産を分配する特定の出資者等が原則として存在せず，しかもその活動が社会公共の利益を目的とする公益事業である法人をいう。公益法人には，日本赤十字社，商工会議所，商工会，学校法人，宗教法人，社会福祉法人，財団法人，社団法人等がある。

　③人格のない社団等

人格のない社団等とは，法人としての手続をしていないため法律上の法人ではないが，代表者または管理人の定めがある団体をいう。法人税法上このような

団体は，法人とみなされる。これには，同窓会，労働組合，PTA等がある。

④協同組合等

協同組合等とは，その組合員は自己で事業を営み，組合は組合員の事業活動に便宜を与えるための活動を行い，一般の公益を追及しない団体をいう。これには，農業協同組合，漁業協同組合，信用金庫，信用組合，労働金庫等がある。

⑤普通法人

普通法人とは，株式会社，合同会社，合名会社，合資会社等で，上記①から④以外の法人をいう。

2）外国法人

外国法人とは，内国法人以外の法人をいう。外国法人は，公共法人・公益法人等・人格のない社団・普通法人等に区分される。

### (5) 法人の分類と課税所得

次に，上で分類した区分で法人税が課税されるか，否かについてみていく。

1）内国法人

内国法人については，以下のとおりである。

①公共法人については課税されない。

②公益法人等と人格のない社団等については，収益事業によって所得を得た場合は課税される。

③協同組合等と普通法人については，すべての所得に対して課税される。

2）外国法人

外国法人については国内に源泉がある所得についてのみ課税される。

### (6) 課税所得の種類

内国法人における法人税の課税対象となる所得には以下があり，それぞれの所得に対して法人税が課せられる。

1）各事業年度（法令または法人の定款等で定める営業年度等）の所得。

2）退職年金等積立金

## ２．法人税の所得金額

　法人企業が行う法人所得金額算定までの仕組みの概略を示せば，図表8－1のようになる。

図表8－1　法人企業が行う法人所得金額算定までの仕組みの概略

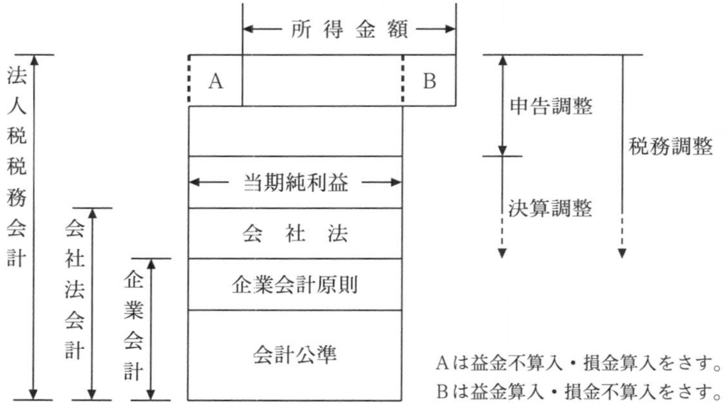

（出所：濵沖2015，126ページ，図表1－7）

### （1）企業会計

　上図の一番下に，会計公準がある。これは会計が依拠している基本的な諸仮定をいう。企業が行う取引の会計上の考え方を示したものが「企業会計原則」である（「企業会計原則の設定について」・二）。また「企業会計基準」，「中小企業の会計に関する指針」（以下，中小指針という）及び「中小企業の会計に関する基本要領」（以下，中小会計要領という）も企業会計に含まれる。

### （2）会社法会計

　会社法は会社に対し会社計算書類規則で会計処理を規定している。この会社法の会計に関する規定に従い会計処理を行うことを会社法会計という。

## （3）法人税税務会計

　法人税法との関係で行われる会計のことを法人税税務会計という。企業会計及び会社法会計では，収益から費用（原価・損失を含む）を差引いて当時純利益が算定されるのに対し，法人税税務会計では益金から損金を差引いて所得金額が算定される（法・22①）。会社法と法人税法の目的が異なるため当期純利益と所得金額の額は同じではない。

## （4）確定決算主義

　会社法会計に基づいて算定された当期純利益金額または当期純損失金額が株主総会等で承認されることになる。わが国の法人税法は，継続的事業体の会計及び会社法に基づき算定され，株主総会等で承認された当期純利益金額または当期純損失金額を法人所得金額算定のための基礎としている。このことを確定決算主義という。

　〔考察 1 〕金融商品取引法の適用を受けない株式会社の税務会計
　　株式会社は，まず企業会計原則に基づき，企業会計基準，中小指針或は中小会計要領に従い財務諸表を作成する（会・431，計規・3 ）。そして関係書類について株主総会で承認を得なければならない（会・438②）。そして会計帳簿と株主総会に提出された（会社法上の）計算書類に基づき，法人税法及び消費税法に従って税務申告書を作成し，税務申告を行う。これらの会計の処理と提出された税務申告書は税務署（法人によっては国税局）による税務調査の対象となる（法・153）。金融商品取引法の適用を受けない株式会社（非上場）の企業会計及び会計に関する法律との関係を示せば図表 8 - 2 のようになる。
　　この図で会計監査は会社法上の監査を指すが，特定の株式会社に限られている。

図表 8 － 2　　金融商品取引法の適用を受けない
株式会社（非上場）の会計と会計に関する法律との関係

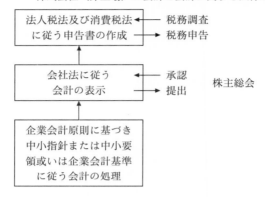

（出所：濵沖2015，202ページ，図表 補－ 6 ）

〔考察 2 〕金融商品取引法の適用を受ける株式会社の税務会計

　一方，金融商品取引法の適用を受ける株式会社は，まず企業会計原則に基づき企業会計基準及び会社計算規則に従う財務諸表を作成し（会・431，計規・ 3 ），その内容について会社法に基づく会計監査を経た後株主総会で承認を得なければならない（会・438②）。これを基に法人税法及び消費税法に従う税務申告書を作成して税務申告を行う。これらの会計処理と提出された税務申告書は，税務署（法人によっては国税局）による税務調査の対象となる。また企業会計原則に基づき企業会計基準及び会社法に従い作成された会計帳簿と計算書類を基にして金融商品取引法に従う財務諸表を作成する。このことを財務諸表の組み替えという。そして金融商品取引法に基づく会計監査を経た後投資者に開示するために内閣総理大臣（権限が委譲され実質は金融庁長官）へ提出する。

　金融商品取引法の適用を受ける株式会社の会計に関する規定との関係を示せば図表 8 － 3 のようになる。

図表8－3　金融商品取引法の適用を受ける株式会社（上場）の
会計と会計に関する法律との関係

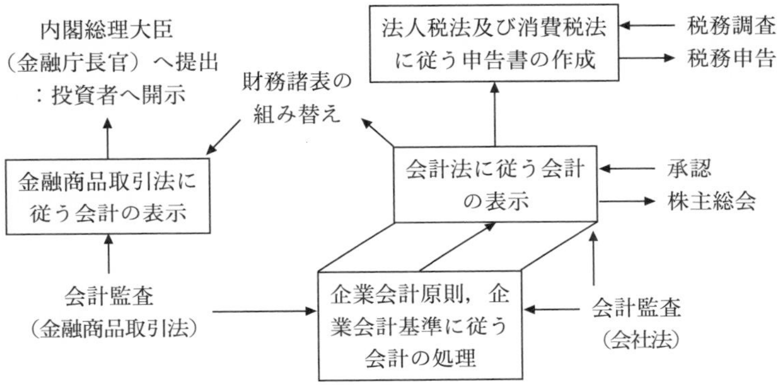

（出所：濵沖2015，203ページ，図表 補－7）

### (5) 税務調整

　当期純利益または当期純損失の額に加算減算という調整を加えて課税標準である所得金額を算定する仕組みとしている。この調整のことを「税務調整」という。税務調整とは会計上の収益，費用とされるものであっても税法上の「益金」,「損金」としない項目があり，逆に会計上の収益，費用に該当しない項目であっても税法上の「益金」,「損金」とする項目があるために，当期純利益または損失金額に加算または減算して所得金額を算定することをいう。これらの加算または減算項目には，「益金算入」,「益金不算入」,「損金算入」,「損金不算入」がある。

　「益金算入」とは，会計上は収益でなくても法人税法上の課税所得の計算では益金とする項目をいう。これにより課税所得は増加する。

　「益金不算入」とは，会計上は収益で処理されていても法人税の課税所得の計算の上では益金としない項目をいう。これには受取配当金等がある。これにより課税所得は減少する。

　「損金算入」とは，会計上は費用で処理されていなくても法人税の課税所得の計算の上では損金とする項目のことをいう。これにより課税所得は減少する。

　「損金不算入」とは，会計上は費用で処理されていても法人税の課税所得の計算の上では損金としない項目をいう。これにより課税所得は増加する。

　また，法人税法は会計上の収益及び費用の処理と異なる益金及び損金の取扱いを「別段の定め」として規定している（法・22②③）。

　税務調整には決算調整と申告調整がある。

　1）決算調整

　決算調整は決算手続きの中で行われる。これは法人税額の算定を念頭において損金の額に算入するために企業会計・会社法会計上の費用として処理することをいう。

　2）申告調整

　申告調整は，法人の帳簿記録はそのままにしておいて，法人が確定したその事業年度の当期純利益または損失金額に対し，納税申告書で調整する。実際には，この申告調整は法人税申告書の別表で行われる。

＊民間企業の目的の第1義は利益を追求することである。会計（学），とりわけ企業会計（財務諸表論）の目的は，この企業の経営結果としての利益測定にある。会計（学）では，収益・費用（原価も含む）・利益という用語を用い，ここでの費用（原価も含む）は収益を得るための価値犠牲であるとする。まず費用（原価も含む）が発生して，その結果収益が生じ，その差額が利益（または損失）という仕組みである。このような会計の仕組みを制度で規定するのが，会社法・商法である。わが国の会計実務は会社法・商法会計であり，これらは強制法である。ゆえに会社法会計・商法会計は会計（学）と密接に結びついている。法人税法は，会社法会計で計算された利益に調整を加える形で所得金額を算定する仕組みとしている。

## 3．所得金額

　所得金額は「益金」から「損金」を差引いて算出される（法・22①）。算定された所得金額を課税所得金額として，これに税率を乗じて税額が算定される。

＊法人税法22条第1項は，益金－損金＝所得金額（または欠損金額）の旨を定めている。このような損益法を定めている理由は事後の税務調査の時に検証が比較的可能であるため，と考えられる。益金及び損金の額は基本的に，経済・経営取引の結果であり，取引の相手がいるため関係証憑（しょうひょう）書類が通常存在し，いわゆる反面調査（取引先に問合わせる）が可能であるからである。それでは，財産法は用いないのかと云えば，課税当局が通常の質問検査権を行使しての税務調査や，裁判所から令状を取っての強制調査（査察）で用いることがある。税務調査では，あらかじめ銀行に出向き当該者の預金の動きを調査することがある。また，強制捜査（査察）では，隠匿している紙幣や金塊を調べる，或いは銀行の貸金庫のカギを探したりする。これらは，その時点の財産を探るためで，財産法による調査ともいえる（このようなやり方にもとづく思考を「陰の現金主義」と云う）。

## 4．益　　金

　益金とは，法人の純資産の増加となる事実で，「資本等取引」以外のものをいう。この場合の「資本等取引」とは，法人の資本等の金額の増加または減少を生ずる取引及び利益または剰余金の処分を指す。益金の額に算入すべき金額は，別段の定めにあるものを除き，その事業年度の次に掲げるものとなる（法・22②，法・22の2）。

- ・資産の販売等（資産の引渡しまたは役務の提供の日に属する事業年度に益金算入する）
- ・有償または無償による資産の譲渡
- ・有償または無償による役務の提供
- ・無償による資産の譲受
- ・その他の取引で資本等取引以外のもの

　無償または低額の資産の譲渡や役務の提供による場合は，その資産の時価による譲渡または通常の役務提供の額が益金とされる。

　ここで上述の「別段の定めにあるものを除き」には注意が必要である。「別段の定め」，すなわち法人税法の別の条文で定めがある場合，別の条文によっ

て益金とされ，当該取引に関しての条文がない場合には「一般に公正妥当と認められる会計処理の基準に従って計算する（法・22④）」，すなわちこの場合益金となるのである。

　また，益金は収入すべき権利が確定したとき益金とされる（権利確定主義）。次に，益金のうち主要なものをみていくことにする。

### （1）商品売上

　商品売買取引から生ずる収益はその商品を顧客に引渡した時点でその事業年度の益金となる。売上返品や売上値引は，売上金額から差引く。商品の引渡しの基準はその企業の状況に最も適した基準で認識するが，いったん採用した基準は継続して適用することが必要になる。この基準には出荷基準（商品を顧客に出荷した時点で計上する）や検収基準（商品を受取った先が商品を検収した時点で計上する）等がある。

### （2）受取手数料

　受取手数料（商品売買における仲介手数料等）は，その事業年度の益金の額に算入する。この場合，その事業年度に受取るべき権利が確定したものであれば対価が未収であっても益金の額に含める。

### （3）受取利息

　受取利息（銀行預金や貸付金等に対するもの）は，その事業年度の益金の額に算入される。この場合も受取るべき金額が確定したものが益金となる。

### （4）受取配当金

　企業会計においては，配当金を受取った場合に収益に計上される。しかし，法人税法上においては，理論的には原則として益金には計上されない。これを受取配当金の益金不算入という。これは企業の利益にいったん法人税が課税され，その残高を配当等に回しているため，配当を受取った企業の益金とすると

二重課税となるためである。つまり，二重課税を避けるために受取配当金を益
金としないのである（法・23①）。現行法は，受取配当に係る株式等を（1）完
全子法人株式等（100％保有株式）（2）関連法人株式等（1/3超100％未満保有株式）
（3）その他の株式等（5％超1/3以下保有株式）（4）非支配目的株式等（5％以下保
有株式）に区分して，これらの区分ごとに益金不算入割合を乗じて益金不算入
額を算出することとしている。これは株式等の所有形態の実態に応じた課税を
行うためである。

### (5) 有価証券売却益

保有する株式や社債等の有価証券を売却したときに生じる有価証券売却益は
その売却した事業年度の益金の額に算入する。

### (6) 仕入割引・仕入割戻し

法人が仕入先から受取る仕入割引（買掛金を支払期日前に支払う場合に受ける割
引）と仕入割戻し（あらかじめの約定で一定期間に一定額以上の仕入をしたことに対
して受取る仕入代金の払戻）は，その事業年度の益金の額に算入する。

### (7) 固定資産売却益

法人が保有する固定資産（備品や車両）を売却したときに生じる固定資産売
却益は，その事業年度の益金の額に算入する。

### (8) 受贈益・債務免除益

取引先等からの受贈益（金銭や物品の贈与等による利益）と債務免除益（自己
の企業の財政状態が悪化した等の理由によって，債権者から債務の免除を受けることに
よる利益）は，その事業年度の益金に算入する。

# 第9章　法人収得税（法人税法2）

## 5．損　　金

　損金の額とは，法人の純資産の減少をもたらす事実のことで，資本等取引以外のものをいう。損金の額は別段の定めにあるものを除き，以下のものである（法・22③）。
・その事業年度に販売した商品，製品等の売上原価，工事原価の額
・その事業年度の販売費，一般管理費その他の費用の額
・その事業年度の災害等による損失の額
　また，損金は，債務の確定したもののみ損金として計上する（債務確定主義）。しかし，減価償却費を含む償却資産の償却費は損金として認められる。
　損金の内容は企業会計の損益計算書に計上される原価・費用・損失とほとんど同じである。
　企業会計は基本的に，適正な期間損益計算を目指すので，発生主義を採用している。収益と費用の認識は発生主義となる。費用については発生主義を採用している。しかし，収益において発生主義そのままを適用すると，未実現収益も計上することになり，これは利益が生じた場合現金が流出することになり，保守主義の観点から好ましくないので，実現主義を採用している。すなわち財貨用益の引き渡しと現金等価物の受入れのタイミングで収益を計上する。しかし，会計学上の発生主義・実現主義と云っても，現実にはどのように適用されるのか釈然としない。
　そこで，法人税法は，益金については権利確定主義，損金については，債務確定主義を採用している。会計上の実現主義と云っても，法律上の権利確定が必要であり，発生主義と云っても，法律上の債務確定が必要と見ている。現実

的には契約書・納品書・請求書・領収書などの証憑（しょうひょう）書類に明記されている内容に依るということである。訴訟を意識して権利確定主義，債務確定主義は規定されているといっても過言ではない。

＊費用へのチェック

　企業は収益を得るためにその犠牲としての費用を発生させるが，税法は企業の一つ一つの費用取引について，課税の公平及び経済政策という視点で規定している。これらの規定は，「その取引を所得（かせぎ・もうけ）と認め課税する」というものである。これは，取引自体を認めない，ということではない。企業がすでに行った経営活動を税法が認めない，ことはできない。

　個々の企業の取引の数は，益金の数より損金の数が圧倒的に多く，税務調査の実務では，企業が費用計上した項目が法人税法上の損金になるか，否かという点が論点とされることが多い。当該費用を損金にして法人税を少なくしたい企業と，当該費用を損金として認めない（損金不算入）として，追徴法人税額を要求する課税当局の対峙が税務調査の現場である。

　次に，損金のうち主要なものをみていく。

## （1）売上原価

　売上原価はその事業年度の損金の額となる。期末商品棚卸高の金額の算定にあたって，商品の単価を決定する方法の一つとして，所得税法の場合と同様に最終仕入原価法が認められている。

＊棚卸資産評価の重要性：会計上，期末棚卸資産の評価は重要である。なぜならどのように評価するかによって，棚卸資産の額が変わるからである。棚卸資産の額が変われば，売上総利益の額が変わり，いわゆる粗利（あらり）の利益額も変わり，損益計算書の最後の利益の額が変わるからである。企業経理の実際は，簿記・会計学上の理論に沿った会計帳簿付けが行われることが好ましいが，必ずしも実際はそうではない。「商品有高帳」すらも存在しなかったり，あっても担当者不在などの理由で継続していなかったり，期中に火災によって帳簿が焼失している場合もある。そこで，期末に一番近い商品を仕入れた時の仕入単価を用いて，期末在庫数に掛けて期末棚卸資産を

評価するのが「最終仕入原価法」である。期末に一番近い商品を仕入れた時の単価は，取引には相手があるから，課税当局は税務調査時に取引先に問い合わせる（反面調査）ことによって，取引の事実関係を掌握できる。

## (2) 役員給与

法人税法上の役員は，法人の取締役，執行役，会計参与，監査役，理事，監事，清算人，その他使用人，その他使用人以外の者で法人の経営に従事している者である。その役員に対して支払う給与の形態で退職給与，使用人兼務役員の使用人として支給される部分を除いて，以下が損金として認められる。すなわち，

「定期同額給与」「事前確定届出給与」「業績連動給与」等である。「定期同額給与」とは，毎月一定額が支給される役員への給与のことである。「事前確定届出給与」とは，その役員の職務につきあらかじめの定めによって支給される給与で，事前に所轄税務署長に届け出をした給与のことである。「業績連動給与」とは，事業年度の業績の状況を示す指標を基礎とした客観的なもので一定の要件を満たす役員への給与のことである。

不相当に高額な部分については損金算入できない（法・34②）。また，同族会社で利益連動給与を支給する場合は，損金に算入できない（法・34①）。

## (3) 従業員に対する給料・賞与

従業員に対して支払う給料や賞与等の給与は損金の額に算入できる。但し企業の役員の親族に対して支給する過大な給与については損金の額に算入されない。

＊企業における給料・賞与の決まり方
　従業員に対する給料・賞与について，給料は毎月の生活費であり賞与は不定期のボーナスである。所得税法では，これらを併せて「給与」と云う。その企業の財務状況が良好な時には賞与が多くなり，その逆の場合は賞与が少なくなるのが一般的である。現実世界の給料・賞与の額はいわゆる相場によって決定されている。この点が，法人

税法上，従業員に対する給料・賞与が原則的にノーチェックで損金として認められている理由と考えられる。パート・アルバイトなどの額が，原則的にノーチェックで損金として認められる理由も同じである。すなわち，企業間の競争原理・同業他社の支給状況・社会的・一般的合意によって，雇用契約としての従業員の給料・賞与及びパート・アルバイトなどの月額・時給の額の支給額が決まる，という実情を法人税法は見ているのである。すなわち，これらには企業の利益操作が入り込む余地はほとんどないとみてよいことになる。しかし，役員の親族など特殊関係使用人に対して，一般の従業員よりも優遇した給与を支払う，といった実態が見受けられる。このような場合は，「特殊関係使用人」として，不相当に高額な部分の金額に対しては損金不算入として課税される。

### （4）交際費等

　法人税法上の交際費等とは，法人が，その得意先，仕入先，その他事業に関係のある者に対する接待，供応，贈答，その他これらに類する行為のために支出するものをいう。なお，1人当たり5,000円以下の得意先等との一定の飲食費は，交際費等から控除される。

　法人等が，その事業を遂行するうえで必要な経費として，交際費，接待費，機密費等があるが，法人が選択した名目（勘定科目名）に関係なく，法人税法上の交際費となることには注意が必要である。

　法人が支出する交際費等は，原則として損金の額に算入できない。しかし厳しい経済環境にある中小企業を税制面で優遇する政策により，限度額を設けて損金に算入される。また，限度額が設けられるのは，時の政府による経済財政政策によるためである（図表9－1参照）。

＊交際費支出の実態：交際費として企業の資金を使う経営者や従業員は，別に役員給与や給与として生活費や貯蓄資金を手にしている。ゆえに会社資金で交際費と称して取引先とともに使う飲食費や取引先への贈答費の資金の流出には，個人的には頓着しない。むしろそういった機会に，普段自身の給料からは支出できないような高級な料理を取引先に提供し，また自ら食したりして，そのことを楽しみにしているのかもしれない。そういった行ためによって，取引先の担当者が快な気分になり，当社の売上の貢献をしてくれる。それを目的とするのが営利企業の経営面での判断と云えるであろ

図表 9 - 1　交際費等の損金算入限度額

| 期末資本金 | 平成26年 4 月 1 日以降に開始する事業年度 |
|---|---|
| 1 億円以下（注 1 ） | ① 接待交際費（社内接待費を除く）×50％（注 2 ）<br>② 年間800万円<br>①と②のいずれか多い金額（支出交際費の方が少ない場合には支出交際費の額） |
| 1 億円超100億円以下 | 接待交際費（社内接待費を除く）×50％（注 2 ） |
| 100億円超 | 全額損金不算入 |

（注 1 ）資本金 5 億円以上の大法人の100％子会社等を除く。
（注 2 ）もっぱらその法人の役員，従業員等に対する接待等の為に支出する費用
　　　　（社内接待費）を除く

う。交際費という費用が売上という収益を生み出すと営業担当は考えるであろう。つまり，交際費支出は会計上費用性があると捉える。

　法人が支出する交際費等は，原則として損金の額に算入できない。交際費を損金とすれば，歯止めのない額が社外へ流出し，結果として企業の資本の蓄積ができなくなるので政策として課税して支出を押さえようとするものである。また交際費としての消費内容に対する強い社会的批判があるためとされる。確かに，現時点で4,000円あれば家族 3 人の一日の食費代として賄えるが，このような認識は会社資金での交際費として使用するときの会社員には意識されないであろう。

　法人等が，その事業を遂行するうえで必要な経費として，交際費，接待費，機密（組織の秘密）費等があるが，法人が選択した名目（勘定科目名）に関係なく，法人税法上の交際費に該当する支出が交際費とされることには注意が必要である。

　ちなみに，所得税法ではこの点を見て取って原則として交際費はノーチェックで「必要経費」である。上の例で云えば個人事業者の場合，不必要な交際費4,000円を使わなければ，家族の 1 日の食費代に充てられるものである。個人事業者の場合，所有と経営が一体化した組織であるからである。

### (5) 寄附金

　法人税法上の寄附金とは，法人が金銭その他の資産または経済的な利益の贈
与または無償の供与をしたことをいい，寄附金，拠出金，見舞金等の名目（勘
定科目）にはとらわれない。法人が支出した寄附金を無制限に損金算入とする
と課税逃れに利用されるため，一定の限度内の損金算入を認めている。

＊組織の目的に，寄付することが明記されている企業があるであろうか？寄付をするこ
　とは収益を生み出すのであろうか？寄付金は反対給付がないため，事業活動に必要な
　ものかどうかの判定が困難である。しかし，現実には寄付をする法人は存在する。
　　法人が支出した寄附金を無制限に損金算入とすると課税逃れに利用されるため，一
　定の限度内の損金算入を認めている。もっとも，寄付する先が課税権者である国や地
　方公共団体であれば，これらは課税権組織であるため損金として認める。また，指定
　寄付金制度があり国が認めた一定の事業への寄付は損金となる。

＊元帳と別表の処理：それぞれの組織の経理上の判断とは別に，法人税法では「交際費」・
　「寄付金」の定義を定めている。経理の現場においては，決算時に「交際費」・「寄付
　金」の定義に当てはまる全ての取引を元帳の勘定から洗い出すことになる。例えば法
　人税法上の「交際費」に該当する支出が，「販売促進費」や「雑費」勘定に振り分け
　られていたとすれば，振替伝票で交際費勘定に振替える仕訳を行う。この作業は日々
　の作業で行うこともできるが，煩雑なため決算時に行うことが多い。このような作業
　を期中や決算時に行わず，確定した財務諸表の各費目に対して法人税法上の「別表」
　で行うこともできる。交際費の場合は「別表15」を用い「寄付金」の場合は「別表14
　（2）」を使用する。

### (6) 減価償却費

　減価償却費は，債務確定主義の考え方からすれば損金にならないが，法人税
法の規定に従って算定される減価償却費は損金とされている。

　1）減価償却の意義

　減価償却とは，建物，建物付属設備，機械装置，備品，車両運搬具等の減価
償却資産の取得原価を，その使用年数に応じた各年の費用として割当てる手続
きのことをいう。そして，各年の費用として割当てられた額を減価償却費とい

う。これは期間ごとの収益と費用を適正に対応させようとする会計学上の考え方（コストアロケーション：費用配分論）によるものである。

　2）減価償却資産の範囲

　減価償却資産はその性質の違いによって，①有形減価償却資産，②無形減価償却資産及び③生物に分類される。

　　①有形減価償却資産には，建物，構築物，機械装置，船舶，航空機，車両運搬具，工具，器具備品がある。

　　②無形減価償却資産には，鉱業権，特許権，実用新案権，意匠権，商標権等がある。

　　③生物には，牛，馬，豚，かんきつ樹・りんご樹・茶樹等がある。

　3）減価償却資産の取得原価

　減価償却資産の取得には次のような場合があり，それぞれの取得原価を算定する。

　　①購入の場合の取得原価は，その資産の購入代価に支払手数料，引取費用，運送保険料等の付随費用と，その資産を使用するまでに直接かかった費用を加算した額となる。

　　②自己製造の場合の取得原価は，材料費，労務費，経費等の合計額である。

　　③生物等の取得原価は，その資産の購入代価に種付費，種苗費，育成費を加算した額である。

　　④交換や贈与の取得原価は，取得時の時価の額である。

　4）減価償却資産の残存価額

　残存価額とは，その減価償却資産の耐用年数が経過したときの見積価額のことをいう。これは法人で自由に見積もって構わないが，法人税の税額を算定する時には，法人税法の規定にあてはめる。法人税法が規定する残存価額のことを「法定残存価額」という。「法定残存価額」は次のように定められている。

　　①有形減価償却資産の残存価額は0円である。但し，有形減価償却資産は残存帳簿価額として1円を計上することになる（法令・61①二イ）。これは当該資産を所有していることを示す備忘のためである。

②無形減価償却資産と鉱山の坑道は 0 円である。

③生物 0 円である。

5）減価償却資産の耐用年数

耐用年数とは，その減価償却資産の使用見積年数のことをいう。これは法人等で自由に見積って構わないが，法人税の税額を算定するときには資産の種類や構造，用途等に応じて区分されている財務省令「減価償却資産の耐用年数等に関する省令」（これに定める耐用年数を，「法定耐用年数」という）に従って適用する。

6）減価償却の方法

減価償却の方法には，定額法・定率法・生産高比例法等がある。ここでは定額法と定率法について述べる。

①定額法

定額法による減価償却費の限度額は，次の計算で求める。

$$\text{定額法による減価償却の限度額} = (\text{取得価額} - \text{残存価額}) \times \text{定額法による償却率} \times \frac{\text{その事業の用に供した月数}}{\text{その事業年度の月数}}$$

ここで，減価償却高の限度額とは，法人税法上認められる減価償却費の計上限度額のことをいう。

②定率法

定率法による減価償却費の限度額は次の計算で求める。

$$\text{定率法による減価償却の限度額} = \frac{\text{期首帳簿価額}}{(\text{取得原価} - \text{減価償却累計額})} \times \text{定率法による償却率} \times \frac{\text{その事業の用に供した月数}}{\text{その事業年度の月数}}$$

７）減価償却方法の選択

　減価償却方法については，法人等の届出によって選択できるものと，あらかじめ法が定めているものがある。届出によって選択できるものについて，法人が届出なかった場合は償却方法が指定されている。

８）特別償却と割増償却

　上で述べた減価償却は，一般に「普通償却」といわれる。これとは別に，政策によって特別の償却が認められるものがある。これには中小企業の機械に対する「特別償却」や優良賃貸住宅に対する「割増償却」がある。

　「特別償却」・「割増償却」とは，通常の償却限度額以上を損金計上することであり，特定の産業育成などを目的とした政策である。

　特別償却は特別償却限度額（取得価額×特別償却率）が普通償却に上乗せされる。

　　特別償却限度額　＝　取得価額　×　特別償却率

　割増償却は，割増償却限度額（普通償却限度額×割増償却率）が，普通償却に上乗せされる。割増償却は，租税特別措置法において事業ごとに規定されている。

　　割増償却限度額　＝　普通償却限度額　×　割増償却率

＊減価償却の計算をするためには，取得価額・耐用年数・残存価額の３つの要素が必要である。しかし会計学は考え方を示すだけで，これらについての具体的な指標を示していない。取得価額・残存価額は適宜に定めるとしても，耐用年数は誰かが何かの基準で定めなければ計算ができない。法人税法に減価償却費を損金として認めようにも，基準がなければ計算ができない。そこで，1918（大正７）年に当時の主税局が「固定資産堪久年数表」を公表し，実務の減価償却耐用年数を確定させた。わが国初の耐用年数表であるが，これは今日まで引き継がれ，わが国の減価償却計算実務は，現在，財務省令「減価償却資産の耐用年数等に関する省令」に従って行われている。

＜法人税法の扱い＞

　法人税法における費用は債務確定主義であるから，決算時に電卓で計算した金額を振替伝票で起票する，すなわち内部取引で生じる減価償却費計上取引は，取引相手がいないこともあって，損金にならないことになる。しかし，会計学上の費用配分論にもとづく減価償却費計算の合理性を認めて特別に「償却」として損金算入を認めている。

　法人税法では，有形固定資産の少額資産の扱い及び有形固定資産を中古で購入した場合の耐用年数算定方法を具体的に示している。

### （7）租税公課

　法人が納付する租税公課等には様々なものがあるが，法人税法では損金に算入できるものとできないものとに分かれる。

　1）損金算入できる租税公課

　固定資産税，自動車税，法人の確定申告期限の延長や延滞が認められる期間に要する利子及び地方税の延滞金のうち住民税や事業税の徴収猶予や納期限の延納期間に係る利子に相当するもの，消費税，地方消費税，印紙税，商工会議所の会費等は損金の額に算入できる。

　2）損金算入できない租税公課

　法人税，国税に係る延滞税・過少申告加算税・無申告加算税・不納附加算税・重加算税等，都道府県民税及び市区町村民税，地方税に係る延滞金，過少申告加算金，無申告加算金，重加算金等，罰金，科料，過料，交通反則金，法人税額から控除される源泉徴収所得税及び外国法人税は損金の額に算入できない。

### （8）貸倒損失及び債権償却特別勘定

　1）貸倒れと貸倒損失

　貸倒れとは，貸金等（売掛金，貸付金，その他債権）が得意先等の倒産により回収できなくなることをいう。この貸倒れによる損失を貸倒損失といい，損金の額に算入できる。

2）回収不能の事実と貸倒損失の金額

この貸倒損失を損金の額に算入するにあたり，「一定の回収不能の事実」が生じたときにのみ損金に認められる。一定の回収不能の事実には，次の 3 つがある。

①法律的に債権が消滅するとき。これには，会社更生法等の法律上の手続きによるものや，債権者会議による決定等がある。

②法律的に債権が消滅する事実がない場合には，その全額の回収不能が明らかになったとき。すなわち，債務者の資産状況，支払能力等からみて資金等の全額の回収不能が明らかになったとき，それが明らかになった事業年度において損金経理により損金の額に算入できる。

③売掛金や受取手形等の売掛債権については1年以上取引を停止したとき，但し損金経理が条件である。

### （9）圧縮記帳

法人等が受取る補助金等（国からの補助金や火災により受取った保険金等）を益金とすれば，課税の対象になる。従って，結果的に課税後の補助金等で資産を購入することになり，新たな資産の購入資金に不足をきたすことになる。これでは本来の補助金等の目的は果たせない。

そこで法人税法では，補助金等で購入した新資産の取得価額を減額して，その減額分を損金の額に算入する制度を採用している。これを「圧縮記帳」という。固定資産を「圧縮記帳」すると，本来の固定資産の取得価額よりも低い価額がその固定資産の取得価額となる。これを毎決算期に減価償却すると，本来の固定資産を減価償却するときよりも低い減価償却費が計上されていく。従って，本来の固定資産を減価償却するときよりも，減価償却を行う間，所得金額が増加していくことになる。つまり，「圧縮記帳」により，一時的に課税されなかった所得金額を，固定資産の耐用年数期間にわたる減価償却を通じて加算することになる。この意味で圧縮記帳は課税の免税ではなく，課税の繰延べの制度である。

　圧縮記帳が認められる固定資産には次のものがある。

　1）国庫補助金等で取得した固定資産の圧縮記帳

　国庫補助金等（国や地方公共団体からの補助金や助成金）を受取り，その目的に合った固定資産を取得したり，その目的に合った固定資産の改良を行い，期末までにその返還を必要としない場合について，「国庫補助金収入」または，「雑益」等で処理して益金の額に算入するとともに，圧縮記帳できる金額を損金経理して損金の額に算入する。この場合の損金算入限度額は，固定資産の取得にあてた国庫補助金等の額の範囲内に限られる。

　2）保険金で取得した固定資産の圧縮記帳

　建物や機械装置等が火災等により損害を受け，固定資産の帳簿価額よりも多い保険金を受取った場合，受取った保険金の金額から固定資産の帳簿価額と片付けに要した費用とを控除した額を保険差益勘定で処理し，益金の額に算入する。後日受取った保険金を使って代替の固定資産を取得した場合に，一定の金額を圧縮記帳により損金の額に算入することができる。

　3）交換により取得した固定資産の圧縮記帳

　固定資産の交換は譲渡の一形態と考えられ，交際差益（帳簿価額と時価との差額）は譲渡益となる。しかし同じ種類，同じ用途の固定資産の交換で現金収支を伴わずに行う場合，譲渡益として課税することをせずに，交換差益を限度額として圧縮記帳により損金の額に算入できる。


## （10）引当金

　企業会計が発生主義の考え方を採用しているから，引当金の計上は企業会計にとっては重要なものとなる。しかし，法人税法における損金は債務確定主義の考え方であるから，原則として将来発生する費用を見越し計上することはできない。従って，この考え方の下では引当金を設けることはできない。しかし，貸倒引当金，返品調整引当金の2つについて損金算入を認めている（法・52, 53）。

## 6 ．公正処理基準

　法人税法第22条第 4 項は，収益の額及び損金の額は，別段の定めのあるもの
を除き，「一般に公正妥当と認められる会計処理の基準に従って算定されるも
のとする。」と規定している。このことを，一般に公正処理基準という。ここ
での「一般に公正妥当と認められる会計処理の基準」は，会計或は会計学の，
一般に公正妥当と認められる会計諸原則（GAPP：generaly accepted accounting
priciples）を意味するとされる。

## 7 ．欠損金の繰越し控除及び繰戻し

　欠損金とは，損金の額が益金の額を超えることをいう。
　欠損金が生じたときには，他の期間の所得金額と相殺（そうさい）して課税
する欠損金の繰越し控除の制度が設けられている。欠損金の生じた事業年度に
青色申告書を提出しており，以降連続して確定申告書を提出していれば，法人
の当期開始前10年以内の各事業年度に生じた欠損金の額を当期の損金の額に算
入できる。但し，中小法人等以外の法人は，各事業年度の所得の金額の50%が
限度となる。
　また青色申告法人において，法人の各事業年度において欠損が生じた場合，
その欠損金を欠損が生じた事業年度開始の日前 1 年以内に開始した事業年度の
所得に繰り戻し，その事業年度の所得に対する法人税の全部または一部を還付
請求することができる（法80①）。これを欠損金の繰戻しという。

## 8．法人税額の計算

### （1）所得金額の算定

　これまで，益金と損金についてみた。これらは益金から損金を差引いて所得金額を算定するためのものである（法・22①）。しかし，事業年度内の日々の取引において，法人は日々の取引のすべてについて益金或は損金の処理を，必ずしも判断しているわけではない。法人は日々の取引を会計帳簿に記録し，会社法の規定等に従った財務諸表を作成し，当期純利益金額（または当期純損失金額）を算定する。

　法人税法では決算に際し，企業会計上のすべての勘定科目の内容をチェックして，法人税法上の益金及び損金項目を見出す作業が必要となる。企業会計上の判断とは別に法人税法上の益金及び損金項目を適正に処理するためである。また，法人税法が損金として認める要件として決算時に費用処理することが求められる項目もある，すなわち損金経理を行っていることが損金算入の条件となっているものもある。

　税務申告書を作成するにあたり，法人が行った企業会計の処理と結果（当期純利益金額または当期純損失金額）に基づいて，益金と損金，そして所得金額を確定する。これは，法人税申告書の「別表四」（「所得の金額の計算に関する明細書」）で行う（申告調整）。「別表四」での計算は，大きく次のようにされる。

　　当期純利益　＋　加算項目（益金算入項目・損金不算入項目）

　　　　　　　　　　　－　減算項目（損金算入項目・益金不算入項目）＝　所得金額

　加算項目と減算項目には，次のようなものがある。

　1）加算項目

　　①損金の額に算入した法人税額

　　②損金の額に算入した都道府県民税額及び市区町村民税額

　　③損金の額に算入した都道府県民税の利子割

　　④損金の額に算入した納税充当金の額

⑤減価償却の償却限度超過額

⑥貸倒引当金の繰入限度超過額

⑦交際費等の損金不算入額

⑧過大な役員給与

⑨過大な役員退職給与額

⑩寄附金損金不算入額

⑪法人税額から控除される所得税額

2）減算項目

①前期までの減価償却超過額の累積額の当期容認額

②納税充当金から支出した前期分事業税額等

③受取配当等の益金不算入額

④法人税等の中間納付額及び過誤納に係る還付金額

⑤所得税額及び欠損金の繰戻しによる還付金額等

⑥前期貸倒引当金繰入超過額の当期容認額

「別表四」の略例を示せば，図表9－2のようになる。

図表9－2　「別表四」の略例　　（単位：円）

| 区　　　　分 | | 金額 |
|---|---|---|
| 当期利益又は当期欠損の額 | | 7,329,580 |
| 加算 | 損金経理をした道府県民税利子割額 | 5,050,000 |
| | 損金経理をした納税充当金 | 1,100,000 |
| | 役員給与の損金不算入額 | 600,000 |
| | 交際費等の損金不算入額 | 1,800,000 |
| | 減価償却の償却超過額 | 3,000,000 |
| | 小　　　計 | 11,550,000 |
| 減算 | 納税充当金から支出した事業税等の金額 | 1,200,000 |
| | 賞与引当金繰入超過額の当期認容額 | 2,700,000 |
| | 小　　　計 | 3,900,000 |

| 仮　　　計 | 14,979,580 |
|---|---|
| 法人税額から控除される所得税額 | 20,420 |
| 合　　　計 | 15,000,000 |
| 欠損金又は災害損失金等の当期控除額 | 0 |
| 所得金額又は欠損金額 | 15,000,000 |

（出所：岡部作成）

　所得金額が算定されると，次の算式の流れに従って，納付すべき税額が算定される。

　　所得金額 × 税率 ＝ 法人税額

　　法人税額 － 税額控除 － 中間申告分の法人税額 ＝ 納付すべき法人税額
この計算は「別表一」によってなされる。


（2）税率

　法人税は個人所得税の前払いであるという考え方から，その税率は一定（比例）税率である。

　法人税の税率は，基本的に比例税率（一定税率）による。しかし政策的な配慮により，法人の規模や分類に応じて次の税率が適用される（普通法人の場合）。

図表 9 － 3　法人税の税率

| 区　　分 | | 所得金額 | 税　　率 | |
|---|---|---|---|---|
| | | | 原則 | 特例 |
| 普通法人 | 資本金 1 億円以下（注） | 年800万円以下の部分 | 19% | 15% |
| | | 年800万円超の部分 | 23.2% | － |
| | 資本金 1 億円超及び相互会社 | 所得区分なし | 23.2% | － |

＊税率が決定される要素

法人税率が決定される要素は，理論的には，国家財政の歳入と歳出の総額（大きな政府にするのか小さな政府にするのか）の決定→歳入の総額のうちに占める税収入・国債発行額の割合の決定→税収入のいわゆる直間比率（直接税と間接税の割合）の判断

→直接税の内の所得税と法人税の割合の決定の流れであるが，景気の動向が大前提になる。

　法人税率を決定する際の大事な要素は他にもある。それは諸外国における法人税率の割合である。すなわち諸外国の法人税率よりもわが国の法人税率が高ければ，国際企業間競争力の点でわが国企業は劣位になる。この点からして，わが国の現在の基本的な法人税率23.2％は高い，というのが一般的見方である。国家財政における法人税額確保の判断が上回っているのであろう。一方，2021年 7 月にロンドンで開催された先進 7 か国（G 7 ）財務相会議での共同声明を受けて，同年10月に経済協力開発機構（OECD)は，世界共通の法人最低税率を15％と定め2023年より導入を目指すことを確認している。これは136の国・地域で合意しているが，諸国が同一の法人税率を定めて税率の低い国に本店等を移すことを阻止するための取り決めである。すなわち，長年続いていた諸国による法人税率引き下げ競争を回避するための取り決めである。2023年 2 月，OECDは国際的な最低法人税の導入方法に関する各国政府への最終ガイダンスを示している。

＊しかし日本政府は令和 4 年12月に防衛費増税の理由で十分な説明がないまま，法人税増税を閣議決定した。このことは税とは政権の意向によって強権的に課税されることを意味している。課税の本質の一面が現れた事象といえよう。この法人税増税による具体的な内容は令和 6 年度以降の適切な時期に実施されるとされている。

### (3) 同族会社の特別税率

　同族会社とは， 3 以下の株主または株主グループが，その会社の発行済株式の50％を超えて所有する会社のことをいう。同族会社においては，その利益を株主に配当として分配せずに社内に留保することが考えられる。この場合，利益に基づき配当が行われる一般的な会社の所得税額と比べ，意図的な利益操作がされたことになり，課税の公平の観点からは疑問となる。そこで同族会社の社内留保に対して｛一定限度額を超えて留保した所得金額（課税留保所得金額という）に対して｝高い税率が適用されている。

＊戦後の高度経済成長期に，個人企業の多くが，いわゆる法人成りをした。法人成りとは，個人企業から当時の有限会社や株式会社に組織変更することである。このこと自体は経営者及び従業員の意欲向上につながり，会社組織に変更することによって社会

的信用の一助になるため好ましい。しかしその実態は個人企業とほとんど同じであり，その多くが家族を中心とする一族で経営している。変化したところは有限会社法或は商法の規定に基づく取締役などの役職に経営代表者の家族や一族が就任するといったことであった。ゆえにお手盛りで代表取締役自らの役員報酬を決めることも可能であるし，家族や親族を専務取締役・常務取締役・取締役・監査役に就任させることも容易にできる。このような法人成りした会社の意思決定は，商法や会社法が本来予定している実態とかけ離れており，恣意的（かってきまま）な経営が行われる，という実態がある。しかし商法や会社法の規程の枠組みの中での活動であるため，このような実情が違法であるとは云えない。家族や一族が行う活動によって利益を操作し，法人税を恣意的に操作していると認められる場合には，課税の公平の観点から適正な課税を行うことになる。そこで法人税法は，このようなことを行う可能性のある会社を「同族会社」として，特別な扱いにしている。

### （4）税額控除

法人税額から控除するものに，税額控除がある。税額控除には，法人が支出した所得税額や外国税額等がある。

## 9．地方法人税

平成26年に地方法人税法が交付され地方法人税法が創設された。これは法人税法の課税標準法人の各事業年度を課税事業年度とする国税であり，課税標準は各事業年度の課税標準法人税額である。税率は10.3パーセントであり，法人税申告書の別表一（一）の下部で計算される。確定申告及び中間申告は法人税の申告と同時期に行われる。

地方法人税はいったん法人税と合わせて税務署（国）に納税され，国が地方公共団体に配分する仕組みである。

＊算定された法人税額を課税標準としての課税方法は，消費税法で算定された消費税額を課税標準とする地方消費税の課税方法と同様である。地方法人税も地方消費税も地方公共団体に納付されるものであるが，いったん税務署（国）に納税され，国が地方公共団体に配分する仕組みも同様である。相違点は地方法人税が国税としての地方法

人税法に基づくのに対し地方消費税は地方税法に基づく点にある。

## 10. 申告と納税

### （1）確定申告

　確定申告とは，事業年度が終了し，その終了の日の翌日から2か月以内に，確定した決算に基づいて確定申告書を作成し，併せて貸借対照表，損益計算書，株主資本等変動計算書，勘定科目内訳明細書等の書類を所轄税務署長に提出することをいう。ただし，定款等の定めまたは特別の事情により期末の日の翌日から2か月以内に決算が確定しないときは，申請により，原則として1か月間申請期限が延長される。

### （2）中間申告

　事業年度が6か月を超える法人は，事業年度開始の日以後6か月を経過した日の翌日から2か月以内に中間申告と税額の納付をしなければならない。

　中間申告には，1）前期の実績によるものと2）仮決算によるものとがある。

　1）前期の実績による中間申告

　これは前期の納税実績を基にして予定申告納付する方法で，納付額は次の算式により求められる。

$$予定申告納付額 ＝ 前期分の法人税額 \times \frac{6}{前期の月数}$$

　2）仮決算による中間申告

　これは事業年度の開始の日以後6か月の期間を1事業年度とみなして仮決算を行い，これに基づいて申告納税額を計算して納付することをいう。

### （3）法人税額納付の会計処理

　法人税額を中間納付した時の仕訳は，つぎのようになる（中間法人税額を¥360,000とした場合）（単位：円）。

　　　（借）（仮 払 法 人 税）　360,000　　　（貸）（現　　　　金）　360,000

　その事業年度の法人税額が確定したときの仕訳は，つぎのようになる（確定法人税額を¥900,000とした場合）。

　　　（借）（法　　人　　税）　900,000　　　（貸）（仮 払 法 人 税）　360,000
　　　　　　　　　　　　　　　　　　　　　　　（貸）（未 払 法 人 税 等）　540,000

　確定申告で未払いとなった法人税を，小切手を振り出して納付したときの仕訳は，つぎのようになる。

　　　（借）（未 払 法 人 税 等）　540,000　　　（貸）（当 座 預 金）　540,000

　法人税の支払いは損金に算入されないため，上記のように（法人税）の勘定科目を使用し他の費用と区別する。損益計算書の計上場所は税引前当期純利益の次に法人税，住民税及び事業税と表記し，税引前当期純利益からの控除項目となる。

## 11.　グループ通算制度

　従前の連結納税制度が見直され，令和4年4月1日以降開始する事業年度からグループ通算制度が適用されることになった。

### （1）グループ通算制度[4]

　グループ通算制度とは，完全支配関係にある企業グループ内の各法人を納税単位として，各法人が個別に法人税額の計算及び申告を行い，その中で損益通算等の調整を行う制度である。併せて，後発的に修更生事由が生じた場合には原則として他の法人の税額計算に反映させない（遮断する）仕組みとされており，また，グループ通算制度の開始・加入時の時価評価課税及びその欠損金の持込み等について組織再編税制と整合性の取れた制度とされる。

---

4　国税庁ホームページ「グループ通算制度の概要令和4年4月」1ページ：最終閲覧日：令和5（2023）年11月23日。

## (2) 適用法人[5]

グループ通算制度の適用は通常（単体）の申告との選択である。これを受けようとする場合には，「内国法人及びその内国法人との間にその内国法人による完全支配関係がある他の内国法人」の全てが国税庁長官の承認を受けなければならないこととされており，適用対象となる法人は，親法人及びその親法人との間にその親法人による完全支配関係がある法人に限られる（法・64の9①）。

## 12.　オープンイノベーション促進税制

一定の要件を満たす青色申告法人が，一定のスタートアップ企業の株式を出資の払込みにより取得した際，所定の要件を満たせば，一定の金額を限度として，特定株式の取得価額の25%相当額以下の金額で特別勘定として経理した金額を損金算入として認めている。その対象法人は，既に事業を開始している・未上場・法人設立10年未満の株式会社・対象法人とのオープンイノベーションを行っている，または行う予定の青色申告法人，これらに該当する法人である。

## 13.　法人税税務会計

税務申告をする側の視座から法人税の実務について，税務申告を行う際に，誤りの多い事項のうち，ここでは営業収益・営業経費の処理を中心に述べる。申告・納税する立場から確認する必要性が高いと考えられるものは，以下のとおりである。

### (1) 売上関係

売上の計上時期と金額は，税務調査での重点項目の一つであり，証憑により，その妥当性を立証できるようにすることが肝要である。たとえば利益調整のた

---

5　前掲注4記事。

め，恣意的に売上計上時期を翌期に繰延べる行為は，納品書や請求書，領収書或いは運送会社の伝票などから容易に発覚して，その申告内容は否認される[6]。とくに決算翌月の売上と原価の関係性は，税務調査で最も重点を置くところであり，実務では留意すべき論点になる。

### (2) 役員給与関係

　同族会社における役員は，内国法人の株主でもあることが少なくなく自らを役員に選任して自らの役員給与や役員退職金を任意に決定する（お手盛り）ことができる。そのため，税務調査での指摘を受け，法人がその役員に対して支給する給与や退職金の額が，その役員の職務に対する対価として相当であると認められる金額を超える場合，その超える部分の役員給与や役員退職金の額は，損金の額に算入されない。

　これ加え，法人がその役員に対して供与した経済的利益のうち定期同額給与・事前確定給与・業績連動給与のいずれにも該当しない役員賞与も損金不算入となる。たとえば，役員への貸付金が金銭の無利息融資として行われた場合，その利息相当額が役員に対する経済的利益の供与に認定されるのである[7]。

　実務上は，たとえば社長などの役員に対する現場経費や出張旅費などに関わる仮払金や前渡金となっている支出が役員の個人的支出に充てられたものか，法人の業務遂行上の必要な支出かを，その領収書等の証憑により明確にすることが肝要である。

### (3) 交際費関係

　交際費は，法人が取引先との取引関係の円滑化を図り，利益獲得のため必要な支出であり会計上費用になる。一方で法人税法では，交際費の濫費を抑制し資本の充実を図るため，支出交際費の額のうち定額控除限度額または接待飲食

---

6　山本守之監修『法人税申告の実務全書（令和2年度版）』日本実業出版社，2020（令和2）年12月，55ページ。

7　山本，前掲書，411ページ。

費の額の50％相当額まで損金算入が認められている。

　税務会計実務の現場においては，法人が交際費の名義をもって支出した金銭であって，その費途が明らかでない（にできない）ものを散見するが，この支出＝「費途不明金」は，損金の額に算入されないばかりでなく，税務調査において，相当の理由なく，その相手方の氏名・名称及び住所・所在地並びに金銭支出の事由を帳簿書類に記載していないと指摘を受け「使途秘匿金」の支出に認定されると，通常の法人税に加え，懲罰的な追加課税がされることに留意する必要がある。

### （4）借地権の課税関係

　実務上，法人がその役員や親・子会社所有の土地を事業所や資材置き場として使用貸借する事例や同族会社の役員が使用貸借で法人所有の土地を自宅の敷地の用に供することは少なくない。しかし法人税法では，土地の貸借の場合に権利金を収受する慣行がある場合に，その権利金も相当の地代も収受しないときは，地主から借地人に対して借地権の価額に相当する権利金の贈与があったものとして取り扱われることに留意しなければならない。

　この権利金が認定課税されると，まず地主には権利金収入が発生し，同額を借地人に贈与，すなわち借地人に対する寄附金の額或いは給与の額として所得計算を行うが，その税負担は小さくない。

　一方で借地人は，地主から権利金相当額の贈与を受けたことになり，借地人が法人の場合には同額の受贈益が生じ，または役員の場合には同額の給与所得が発生して課税の対象となる[8]。

　このように借地権に関する権利金の認定課税が行われる場合には，地主と借地人双方に少額ではない法人税や所得税が課税されるため，実務上は，税務上是認される方策をとる。具体的には，同族会社がその役員と土地の賃貸借契約を締結する場合，土地所有者である地主と借地人が連名で記載した「土地の無

---

8　山本，前掲書，680ページ。

償返還に関する届出書」を所轄税務署長に提出するなどの方法をあげることができる[9]。

---

9　山本，前掲書，696ページ。

# 第10章　法人収得税（法人事業税・法人住民税）

## 1．法人事業税

　法人事業税は，事業を行う法人の事務所または事業所所在の都道府県が課す。これは，法人が行う事業そのものに課す税であり，法人がその事業活動を行うに当たって都道府県の各種の行政サービスの提供を受けていることから，これに必要な経費を分担すべきであるという考え方に基づいている。

　法人事業税は，付加価値割，資本割，所得割，収入割から構成されている。

### (1) 納税義務者

　納税義務者は国内で事業を営む法人である（地・72の2①）。資本金の額または出資金の額が1億円を超える法人には，付加価値割額，資本割額及び所得割額の合計額が課される。公共法人，公益法人及び資本金の額もしくは出資金の額が1億円以下の法人には所得割額が課される。電気供給業，ガス供給業等の法人には収入割額が課される。また，一定の事業または所得については非課税制度が設けられている。

### (2) 税額の計算

　標準税率は以下である。すなわち，付加価値割は付加価値額を課税標準として課される。税率は1.2%である。資本割は資本金等の額を課税標準として課される。税率は0.5%である。所得割は所得を課税標準として課される。税率は0.5%～1.0%である。但し，特別法人・その他の法人は3.5%～7.0%である。収入割は収入金額を課税標準として課される。税率は0.75%である。

　標準税率を超える税率で事業税を課する場合の制限税率は，標準税率の1.2

倍である。

### （3）申告と納税

　納税義務者は，事業年度終了の日から2か月（または3か月）以内に事業所等の所在地の都道府県知事に申告書を提出し，併せて納税しなければならない。なお，災害等特別な場合は申告期限を延長することができる。

### （4）法人事業税の税務会計

　事業税を現金で納付した場合次の仕訳を行う。

　　　　　　（借）（事業税）○○○円　　　　（貸）（現　金）○○○円

　事業税勘定の残高は損益計算書の税引前当期純利益（または税引前当期純損失）の次の法人税，住民税及び事業税に表示され，税引前当期純利益から控除される。

## 2．法人住民税

　法人に対する都道府県民税及び市区町村民税を法人住民税という。

　法人住民税は，地域社会の費用のために，その構成員である法人に負担を求めるものである。法人都道府県民税及び法人市区町村民税は均等割，法人税割及び利子割によって構成されている。

### （1）納税義務者

　納税義務者は，都道府県や市区町村に事務所または事業所等を有する法人である（地・24①，294）

　法人住民税は，法人等が事務所，事業所または寮等を有する場合に課されることとなるが，この場合の事務所または事業所とは，それが法人の所有に属するものであるか否かにかかわらず，事業の必要から設けられた人的及び物的設備であり，継続して事業が行われる場所をいう。また，学校法人等の公益法人

は，原則として課税されないが，収益事業を営む場合に限り課税される。

### （2）税額の計算

**1）均等割（地・52①，312）**

**①法人都道府県民税及び法人市区町村民税の均等割**

　法人住民税の均等割は所得の有無にかかわらず課せられる。均等割の標準税率は都道府県民税が資本金等の額に応じて，また市区町村民税が資本金等と従業者数に応じて定められている。この場合の従業者とは，俸給，給料，賃金，手当，賞与，その他これらの性質を有する給与の支払を受ける者をいう。指定都市（地方自治法第252条の19第1項で定める市）が市区町村民税を課する場合は当該指定都市の区の区域を一の市の区域とみなして課することとされている。法人都道府県民税及び法人市区町村民税の均等割は法人等が都道府県または市区町村内に事務所等を有する事実に基づき課税され，均等割額は月割によって計算される。

**②都民税の均等割**

　東京都の特別区では都道府県民税に相当する税と市区町村民税に相当する税との合算額を都民税として課している。特別区で市区町村民税に相当する都民税を課するときは，特別区の区域を一の市とみなして課することとされている。従って，均等割は特別区ごとに課されることになる。また特別区の区域外の都の区域内では，都道府県民税に相当する税を都民税として課している。

**2）法人税割（地・51①）**

　法人住民税の法人税割は，原則として国に納付する法人税額に，都道府県，市区町村の条例で定めている税率を乗じて計算する。法人税割には標準税率及び制限税率がある。これは標準としての税率を定めながらも，各々の議会において制限税率以内で税率を定めることを認めているものである。

### （3）申告と納税

　法人住民税は法人税の申告期限，つまり事業年度終了の日から原則として2

か月以内にその申告書を都道府県知事と市区町村長に提出し，併せて均等割と法人税割の合計額を納付することになる。事業年度を１年としている法人の場合は，法人税と同じく中間申告が必要な場合がある。またいくつかの都道府県や市区町村に事業所等のある法人は，それぞれの都道府県や市区町村で法人住民税が課されるので，法人税割は一定の基準によって分割して納付する。

### （4）法人住民税の税務会計

法人住民税を現金で支払った時は一般に次の仕訳を行う。

　　（借）（住　民　税）　○○○円　　（貸）（現　　　金）　○○○円

住民税勘定の残高は損益計算書の税引前当期純利益（または税引前当期純損失）の次の法人税，住民税及び事業税に表示され税引前当期純利益から控除される。

# 第11章　消費税の類型と特徴

## 1．消費税の類型

　消費税とは，物品及びサービスの消費行為を対象として課税される租税のことをいう。わが国の消費税法は消費税のうちの付加価値税に分類されるものであり，わが国の消費税法を理解するためには，消費税法の基本構造と特徴を理解する必要がある。　消費税の類型を整理すれば図表11－1のようになる。

図表11－1　消費税の類型

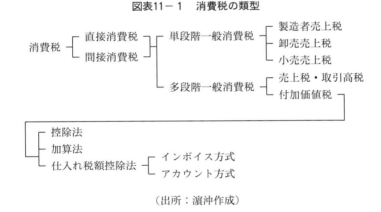

（出所：濵沖作成）

　消費税には，直接消費税と間接消費税とがある。

　直接消費税の課税の対象は物品及びサービスの消費行為であり，納税義務者は消費行為をなす者である。通常，直接消費税は，徴収納付によって徴収される。納税義務者である消費者が消費税を直接納付するのではなく，この代替として第三者である納税義務者が徴収して納付する。現在わが国に存在する直接税は，地方税のゴルフ場利用税及び入湯税のみである。

　間接消費税の課税標準は，物品またはサービスの対価の金額または数量となる。課税の対象は物品の消費行ための場合，納税義務者は，製造者，取引者または販売者であり，課税の対象がサービスの消費行ための場合，納税義務者はその提供者である。通常間接消費税は，申告納税または賦課課税によって納税ないし徴収される。

　間接消費税は，一般消費税と個別消費税とに分類される。一般消費税とは，すべての物品及びサービスを対象として課される消費税のことである。個別消費税とは，特に課税の対象とされた物品及びサービスに対してのみ課される消費税のことである。

　一般消費税は製造から小売までのどの取引段階で課税するかによって，単段階一般消費税，多段階一般消費税に区分できる。

## (1) 単段階一般消費税

1）製造業者売上税：製造者を納税義務者とし，その製造する物品の売上に対して売上金額を課税標準として課される税である。

2）卸売売上税：卸売業者の行う物品の卸売りに対して，その売上金額を課税標準として課される税である。

3）小売売上税：小売業者の行う物品の小売に対して，その売上金額を課税対象として課される税である。

## (2) 多段階一般消費税

多段階一般消費税には売上税・取引高税と付加価値税がある。

1）売上税・取引高税：すべての取引段階の売上に対してその売上金額を課標準として課される一般消費税のことをいう。低い税率で多額の税収をあげることができるが，税負担が累積するため合併等の企業の垂直的統合を招きやすくなる。その結果垂直的統合をした企業とそうでない企業とでは，取引の回数が異なるため，税負担に相違が生じることになる。また税の転嫁を十分に行うことが困難なため，売上税・取引高税は公平

及び競争中立の観点から欠陥があるとされる。

2）付加価値税：各取引段階の付加価値を課税標準として課される一般消費
　　税をいう。付加価値とは原材料の製造から製品の小売までの各段階にお
　　いて付加される価値のことをいい，控除法，加算法及び仕入れ税額控除
　　法（または前段階税額控除法）がある。これらの方法による付加価値税は
　　各段階における税の累積を排除することができる。控除法，加算法は，
　　個別企業内部で測定されなければならないため，運用上，現実には仕入
　　れ税額控除法（または前段階税額控除法）が採用されている。仕入れ税額
　　控除法（または前段階税額控除法）とは，課税期間内の売上げ金額に税率
　　を適用して得られた金額から，同一課税期間内の仕入れに含まれる前段
　　階の税額を控除して納付税額を算出する方法である。この方法によって
　　税負担の累積を排除する。税額は最終消費者が負担する。仕入れ税額控
　　除法による付加価値税の算定は，財やサービスの各段階の流れ全体で捉
　　え，税の転嫁が最初の段階から最終消費者までなされるところにその特
　　徴がある。次の図表11－2で仕入れ税額控除法の仕組みを示す。

図表11－2　仕入れ税額控除法の仕組み

| 製造業者 | 卸売業者 | 小売業者 | 最終消費者 |
|---|---|---|---|
| 売上げ 100円<br>消費税 　10円<br><br><br>納付額 　　10円(a) | 仕入れ100円売上げ200円<br>消費税 10円消費税 20円<br>　　　　　　　20円<br>　　　　　　－10円<br>納付額 　10円(b) | 仕入れ200円売上げ300円<br>消費税 20円消費税 30円<br>　　　　　　　30円<br>　　　　　　－20円<br>納付額 　10円(c) | 購入 　　300円<br>消費税 　30円<br><br><br>納付額 　　30円(d) |

＊10円(a)＋10円(b)＋10円(c)＝30円(d)
＊業者は預った消費税から支払った消費税の差額を納付する。負担者は
　最終消費者。

（出所：濵沖2015，158ページ，図表2－2一部修正）

## 2．わが国消費税法の成立

　わが国の消費課税に関する概要を1941（昭和16）年以降についてみれば，以下のようになる。

　1941（昭和16）年　物品税法：個別消費税・物品の種類によって異なる税率であった。贅沢品等には重く課税され，生活必需品等は課税対象から除かれた。

　1973（昭和48）年：オイルショック後の税収が大幅に減収した為特例国債を発行したことから一般消費税を導入すべく検討された。

　1988（昭和63）年12月国会承認1989（平成元）年4月施行　消費税法創設（付加価値税）：理論的に優れているインボイス方式ではなくアカウント方式が採用された理由はインボイス方式では所得捕捉率が上昇することから政治的圧力団体が反対したこと・インボイスのため偽装発行による混乱の回避及び小規模企業に対する納税事務負担の簡素化によるためとされる。小規模企業に対する特例措置として基準期間の課税売上げ高が3,000万円以下の事業者については納税義務が免除（合法的益税の発生）された。このような不完全な構成で消費税法が創設された理由は国家財政健全化目的優先のためとされる。

　1997（平成9）年4月：地方消費税法を創設して税率が合計5パーセントに引き上げられた（消費税法4％・地方消費税法・消費税率換算で1％）。

　2003（平成15）年：小規模企業に対する特例措置の縮減が図られ，納税義務の免除が基準期間の課税売上げ高が3,000万円以下から1,000万円以下の事業者へ引き下げられた。

　2014（平成26）年4月：税率が合計8％に引き上げられた（消費税法6.3％・地方消費税法・消費税率換算で1.7％）。

　2019（平成31）年10月：税率が合計10％に引き上げられた（消費税法7.8％・地方消費税法・消費税率換算で2.2％）。

　2023（令和5）年10月より：「適格請求書等保存方式」（インボイス方式採用）が導入された。申請することによって「適格請求書等保存方式」適用業者にな

ることができる。適用事業者になれば売手の登録番号の記載で仕入税額控除ができる。

# 第12章　わが国の消費税法（国税）（1）

　消費税税務会計とは，納税義務者と消費税法（昭和六十三年十二月三十日法律第百八号）との関係で行われる会計をいう。また，地方消費税税務会計とは，納税義務者と地方税法（昭和二十五年七月三十一日法律第二百二十六号）の（都）道府県の普通税としての地方消費税との関係で行われる会計をいう。

　消費税法の規定によって算定された税額を課税標準として地方消費税の税額が算定される仕組みとなっており，消費税額及び地方消費税額を併せて納付する仕組みである（消・45①三）ため，消費税税務会計及び地方消費税税務会計は一体化して処理されることになる。

## 1．消費税法の基本的な仕組み

### （1）消費課税

　わが国の消費税は，特定の物品やサービスに課税する個別消費税とは異なり，国内のほとんどすべての商品の販売，サービスの提供及び保税地域から引取られる外国貨物を課税対象として，取引の各段階に課税される間接税である。

### （2）税の累積を排除し，消費者に転嫁

　消費税は消費者が負担する。すなわち，事業者が行う取引の際に，税は事業者が販売する商品やサービスの価格に上乗せされて，次々と転嫁されて，最終的に商品を購入する，またはサービスの提供を受ける消費者が負担する。

## 2．納付税額の計算方法

　国税としての消費税の納付税額は，基本的につぎの算式により算出する。

$$
\begin{array}{ccc}
\text{消費税の} & = & \text{課税期間の課税売上} & - & \text{課税期間の課税仕入れ} \\
\text{納付税額} & & \text{に係る消費税額} & & \text{に係る消費税額}
\end{array}
$$

　上の算式の「課税期間」とは，納付する消費税額の計算の基礎となる期間のことをいう。個人事業者については，毎年の暦年（1月1日から12月31日まで）で，法人については各法人が定款等で定める事業年度である。

　また「課税売上」とは，消費税が課税される取引の売上げ金額（消費税額及び地方消費税額を除く）と輸出取引等の免税売上げ金額の合計額からこれらの売上げに係る売上返品や売上値引，売上割戻し等に係る金額（消費税額及び地方消費税額を除く）の合計額を控除した残額をいう。「課税売上」には棚卸資産の販売代金や請負工事代金，サービス料等の他，機械の賃貸収入や棚卸資産以外の資産の譲渡代金等も含まれる。

　また「課税仕入れ」とは，事業者が事業として資産を譲り受け，もしくは借受け，または役務の提供を受けることをいう。「課税仕入れ」には，商品の仕入，機械等の事業用資産の購入・貸借や事務用品の購入，賃加工や運送等のサービスの提供を受けること等がある。また免税事業者や消費者からの商品，中古品等の仕入も「課税仕入れ」になる。

　ここで，消費税法上の「課税売上」及び「課税仕入れ」の定義は，会計上の「売上」及び「仕入」とは異なるものであることに注意が必要である。

## 3．課税対象となる取引

　消費税の課税対象は，（1）国内で行われる取引と（2）保税地域から引取られる外国貨物である。

## (1) 国内で行われる取引

事業者が，次の4つの条件を満たす取引を行った場合に課税の対象となる。

1）国内において行うものであること

2）事業者が事業として行うものであること

「事業者」とは個人事業者と法人をいう。また「事業」とは，対価を得て行われる資産の譲渡等を反復，継続かつ独立して行うことをいう。

3）対価を得て行うものであること

これは，資産の譲渡等に対して反対給付を受けること，つまり反対給付としての対価を得る取引をいう。従って，寄付金・補助金・無償の取引・利益の配当・宝くじの当選金等は課税対象にはならない。

4）資産の譲渡，資産の貸付け及び役務の提供であること

「資産」とは，棚卸資産・機械装置・建物等の有形資産，商標権・特許権等の無形資産等であり，一般に取引の対象となるものが含まれる。

「資産の譲渡」とは，売買や交換等の契約により，資産の同一性を保持しつつ，他人に移転することをいう。

「資産の貸付け」とは，賃貸借や消費貸借等の契約により，資産を他の者に貸付け，使用させる一切の行為をいう。

「役務の提供」とは，請負契約・運送契約・委任契約等に基づいて労務，便益その他のサービスを提供することをいう。これには，スポーツ選手・作家・映画俳優・税理士等による，その専門知識・技能に基づく役務の提供も含まれる。

## (2) 保税地域から引き取られる外国貨物

「保税地域」とは，外国から輸入された貨物が税関を留保して置かれる場所のことをいう。保税地域から引き取られる外国貨物のうち，非課税取引以外を課税貨物という。

# ４．非課税取引

　消費税は最終消費者にその負担を求めるものであるが，取引の中には課税対象とすることになじまないものや，社会政策的な配慮から課税することが適当でないものがある。このような取引については，非課税取引として消費税を課税しない（消・6）。非課税取引には以下のものがある。

（1）土地（土地の上に存する権利を含む）の譲渡及び貸付け（一時的に使用させる場合を除く）。

（2）有価証券，有価証券に類するもの及び支払手段（収集品及び販売用のものは除く）の譲渡。

（3）利子を対価とする貸付金その他の特定の資産の貸付け及び保証料を対価とする役務の提供。

（4）郵便切手，印紙，証紙，物品小切手等の譲渡。

　「物品小切手」とは，商品券，ビール券，図書券，テレホンカード，オレンジカード等をいう。

（5）国，地方公共団体等が法令に基づき徴収する手数料，国際郵便為替，国際郵便振替または外国為替業務に係る役務の提供。

（6）公的な医療保障制度に係る療養，医療，施設医療またはこれらに類するものとしての資産の譲渡。

（7）社会福祉事業法に規定する社会福祉事業として行われる資産の譲渡。

（8）医師，助産婦その他医療に関する施設の開設者による助産に係る資産の譲渡。

（9）墓地，埋葬等に関する法律に規定する埋葬に係る埋葬料，火葬に係る火葬料を対価とする役務の提供。

（10）身体障害者の使用に供するための性状，構造または機能を有する物品の譲渡，貸付け。

（11）学校教育法その他の法律に定める学校等の授業料，入学金，施設設備費。

(12) 教科用図書の譲渡。

(13) 住宅の貸付け。

## 5．課税対象とならない取引：不課税取引

　消費税の課税対象は，「国内において事業者が事業として対価を得て行う資産の譲渡と輸入取引」（消・4）である。これに該当しない賃金・給料等の支払い，減価償却費，租税公課の支払い，組合費等の支払い，盗難等による損失，公共施設の負担金等は会計上の取引であっても課税対象とされない（消・4，6）。これらの取引のことを不課税取引という。

## 6．免税される輸出取引

　消費税は国内における商品の販売や，サービスの提供等に課税されるものであるから，外国において消費される資産の譲渡等については課税の対象とならない。すなわち，消費地課税が適用され外国で消費されることになる輸出については「免税取引」として扱われている。「免税取引」は「非課税」とは異なり，輸出される売上げ高に関して消費税が課されないと同時に，その輸出に関して行った仕入れに係る消費税額が「仕入れ税額控除」という形で全額還付される。このような免税制度を一般に「ゼロ税率」と呼んでいる。これは輸出売上げ高が実質的に税率ゼロの課税売上として扱われているからである。このような輸出免税の制度を悪用して，輸出取引と偽って消費税の不正還付を受ける事業者が後を立たない。そのため，輸出免税の適用を受けるには，その取引が輸出取引等に該当するものであることの証明が必要となっている。

# 7．納税義務者

## (1) 納税義務者

　「納税義務者」とは，消費税を納める義務のある者をいう。すべての事業者は原則として納税義務者になり，これには個人事業者と法人がある。納税義務者は国内取引の場合と輸入取引の場合に分かれる（消・5）。

　国内取引の場合の納税義務者は，課税資産の譲渡等を行う事業者である。

　輸入取引の納税義務者は，課税貨物を保税地域から引取る者である。

## (2) 納税義務の免除（免税事業者）

　その課税期間の基準期間における課税売上高が1,000万円以下の個人事業者は，課税事業者となることを選択した場合を除き，その課税期間の課税資産の譲渡等について納税義務が免除される。この事業者を「免税事業者」という。

　また「基準期間」とは，個人事業者についてはその年の前々年分をいい，法人についてはその事業年度の前々事業年度をいう。従って，個人事業者の新規開業年とその翌年は基準期間の課税売上高がないから，原則として納税義務が免除され免税事業者になる。しかし，新規設立法人のうち，その事業年度開始の日における資本または出資の金額が1,000万円以上である法人については，その基準期間がない事業年度の納税義務を免除されない。

# 8．納税義務の成立時期

## (1) 国内取引に係る消費税の納税義務

　国内取引に係る消費税の納税義務は，原則として，課税資産の譲渡等をしたときに成立する。この納税義務の成立時期は，法人税や所得税の課税所得金額の計算における収益の計上の時期とほぼ同じである。国内取引に係る消費税の納税義務成立の時期と取引の様態の関係は図表12－1のとおりである。

図表12－1　国内取引に係る消費税の納税義務成立の時期

| 取引の様態 | 納税義務の成立の時期 |
|---|---|
| 棚卸資産の譲渡 | その引渡しがあった日 |
| 固定資産の譲渡 | その引渡しがあった日 |
| 物の取引を要する請負 | その譲渡又は実施権の設定に関する契約の効力発生の日 |
| 人的役務の提供 | その約した役務の全部の提供を完了した日 |
| 契約又は習慣により使用料等の支払日が定められている資産の貸付け | その支払いを受けるべき日 |
| 支払日が定められていない資産の貸付け | その支払を受けた日（請求があったときに支払うべきものとされているものにあっては，その請求日） |

## (2) 保税地域から引取られる課税貨物に係る消費税の納税義務

　保税地域から引取られる課税貨物に係る消費税の納税義務は，課税貨物を保税地域から引取るときに成立する。

## 9．課税標準

　消費税法上の課税標準とは，税額計算の基礎となる金額のことをいい，この合計額に税率を乗じて課税売上に係る消費税額を算出する。

　課税標準には，国内取引と輸入取引の2つの課税標準がある。国内取引の課税標準は，課税資産の譲渡等の対価の額（消費税及び地方消費税額相当額を含まないが，個別消費税の額を含む）である。

　輸入取引の課税標準は，課税対象となる外国貨物の取引価格である。

## 10.　税　　率

　消費税の税率は7.8%である（消・29）。この他，地方税である地方消費税が消費税率換算で2.2%課税される（消費税に対する78分の22）ので，併せた税率は消費税換算で10%である。

## 11.　消費税の複数税率

　2019（令和元年）年10月 1 日から，「酒類・外食を除く飲食料品」と「週 2 回以上発行される新聞（定期購読契約に基づく）」を対象に消費税の「軽減税率制度」が実施された。この制度の導入により，標準税率10%，軽減税率 8 %の複数税率が設けられた。軽減税率対象の飲食料品等の範囲の理解を容易にするために図で示せば，図表12－ 2 のようになる。

図表12－ 2　軽減税率対象の飲食料品の範囲

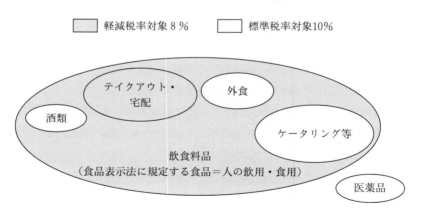

＊景品付食品など一体資産は要件によって軽減税率対象となる。
（出所：国税庁「よくわかる消費税軽減税率制度」令和元年 7 月，一部修正）

1）諸外国の状況

諸外国の中でフランス，ドイツなどヨーロッパ諸国では広く複数税率が適用されている。一般的に，付加価値税率の高い国では複数税率を設け，低所得者への配慮を行っている。

2）効果

消費税は比例税率を適用しており，原則，すべての課税取引に対して一定税率（10％または8％）が適用される。比例税率は所得の少ない者ほど，所得に占める消費税の割合が高くなり，所得の逆進性が発生する。複数税率の効果としては，所得に対する逆進性の軽減が大きく挙げられる。税率の低い国では，事務負担の軽減などの理由から単一税率が望ましいが，税率の高い国では，低所得層への配慮として所得に対する逆進性を緩和する施策として，複数税率が有効であると考えられる。また，軽減税率を導入することによって，痛税感も和らげることができる。

3）問題点

軽減税率を適用する場合，飲食料品とそれ以外の物品との区別が難しい商品があり，厳格な区分が困難である。また，軽減税率導入に伴い，帳簿や区分記載請求書等（軽減税率の対象品目，税率ごとに合計した対価の額を記載）が追加され，計算システムを変更するなど事務負担が増加する。

## 12. インボイス制度

消費税の仕入税額控除の方式には，日本が採用しているアカウント方式（帳簿方式）とヨーロッパ諸国で採用しているインボイス（invoice）方式（税額票方式）がある。2019年から軽減税率が適用された結果，従来のアカウント方式では事務量の増加，正確な税額計算が困難との問題点を抱えていた。この問題点を解決するために，2023（令和5）年10月1日からインボイス方式が採用された。インボイス方式とは，売手（登録事業者）は，買手（課税事業者）に商品を販売した際にインボイスを交付し，買手はインボイスに記載された税額を仕

入税額控除する方式である。インボイス「適格請求書」には，売手の①登録番号，②取引年月日，③取引内容，④税率ごとの対価の額と消費税額，⑤書類交付を受ける事業者名等の記載を必要とする。なお，小売業，飲食業など不特定多数を対象とする場合は，⑤書類交付を受ける事業者名等の記載を省略する「適格簡易請求書」に代えることができる。インボイス制度には，売手の登録番号の記載がなければ仕入税額控除ができないため，脱税を防止できる利点がある。

　インボイス登録を申請した場合，免税事業者は登録により課税事業者となるため，当初，登録申請を行う個人事業者が少ない状況であった。しかし，取引先から登録を要請され，免税事業者から課税事業者になる小規模事業者が多く発生したため，激変緩和措置が取られることになった。

　令和5年10月1日以降登録事業者になった場合には，令和11年9月30日までの課税期間において，登録の日から適格請求書発行事業者となることができることとなった。さらに，令和5年度の税制改正において，制度変更の緩和策として次の施策が認められた。①小規模事業者の負担軽減措置（2割特例）を令和8年9月30日までの課税期間に適用，②少額取引（1万円未満）はインボイスがなくても一定の帳簿のみの保存で仕入税額控除が可能（令和11年9月30日までに行う課税仕入れ），③1万円未満の返品や値引きについて返還インボイスの交付が不要，④インボイス発行事業者に係る登録制度の見直しである。

# 第13章　わが国の消費税法（国税）（2）
# 及び地方消費税（地方税法）

## 13. 控除対象仕入れ税額の計算

### (1) 控除対象仕入れ税額の計算方法

　前述のように，事業者はその課税期間における課税売上に係る消費税額（つまり課税標準額に対する消費税額のことである）から課税仕入れ（課税仕入れと課税貨物の受取りをいう）に係る消費税額を差引いた金額を納付するが，この計算は，原則的方法を採用する事業者と簡易課税制度を採用する事業者では異なる。

　ここでは控除対象仕入れ税額の原則的方法について述べる。この場合，その期間中の課税売上割合によって計算方法は異なる。

　「課税売上割合」とは，つぎの算式により計算した割合をいう。

$$課税売上割合 = \frac{課税期間の課税売上高（税抜き）＋免税売上高}{課税期間の課税売上高（税抜き）＋免税売上高＋非課税売上高}$$

　この課税売上割合が，1）その課税期間における課税売上高が年5億円以下の場合と2）その課税期間における課税売上高が年5億円を超える場合とでは，取扱いが異なる。

　1）その課税期間における課税売上高が年5億円以下の場合

　　①課税売上割合が95％以上の場合

　　　課税仕入れ等の全額を控除する。

　　②課税売上割合が95％未満の場合

　　　個別対応方式と一括比例配分方式のいずれかの方法による。

　　　一括比例配分方式とは，課税仕入れ等に係る消費税額に課税売上割合を乗じて，控除する消費税額を算出する方式のことである。

　2）その課税期間における課税売上高が年5億円を超える場合

　　　個別対応方式と一括比例配分方式のいずれかの方法による。


## (2) 控除対象仕入れ税額の計算の特例

　1）仕入れ対価の返還がある場合

　課税事業者の課税仕入れにつき，値引き，返品，割引，割戻しを受けたことにより，課税仕入れに係る支払対価の額に対応する買掛金その他の債務の額の全額または一部の減額を受けた場合には，仕入れ対価の返還を受けた課税期間中の課税仕入れに係る消費税額から「控除方式」に応じて計算した仕入れ対価の返還に係る消費税額を控除し，その控除後の税額をその課税期間中の課税売上に係る消費税額から控除する。

　　仕入れ対価の返還に係る消費税額＝

$$仕入れ対価の返還の金額（税込）\times \frac{7.8}{110}$$

　2）　非課税資産を輸出した場合

　非課税資産の輸出取引を行った場合は，その輸出取引は課税資産の譲渡に係る輸出取引とみなされ，その課税仕入れに係る消費税額は控除対象仕入れ税額の対象となる。

　3）高額な固定資産の控除税額の調整

　購入価格が1個1組100万円以上の固定資産で一定のもの（調整対象固定資産という）について，課税仕入れ等を行った場合は，3年間は，控除対象仕入れ税額の調整を行うこととされている。

　4）課税・免税事業者となる場合の調整

　免税事業者が課税事業者となった場合，課税事業者が免税事業者になった場合は，それぞれ棚卸資産に係る消費税額の調整を行う。

## （3）売上返品，値引き，割戻しの場合

　課税事業者が，課税資産の譲渡につき，値引き，返品，割引，割戻しをした
ことにより，その課税資産の譲渡等の税込価額に係る売掛金その他の債権の額
の全部もしくは一部の減額をした場合には，売上げ対価の返還を行った課税期
間中の課税売上に係る消費税額から，売上げ対価の返還等に係る消費税額の合
計額を控除する。この場合，控除しきれない金額があるときは還付される。

　売上げ対価の返還の金額に係る消費税額は，つぎの算式により計算する。

$$\text{売上げ対価の返還の金額に係る消費税額} = \text{売上げ対価の返還の金額税込} \times \frac{7.8}{110}$$

## （4）貸倒れの場合

　課税事業者が国内において課税資産の譲渡を行った場合，その相手方に対す
る売掛金その他の債権につき会社更生法の更生計画認可の決定により切り捨て
られたこと，その他一定の事実が生じたため，その税込価格の全部または一部
の領収をすることができず貸倒れとなったときは，貸倒れとなった日の属する
課税期間の課税売上に係る消費税額から，貸倒れ処理した金額に係る消費税額
の合計を控除できる。控除することができる貸倒れに係る消費税額は，つぎの
算式により計算する。

$$\text{貸倒れに係る消費税額} = \text{貸倒れとなった課税資産の譲渡等の税込価額} \times \frac{7.8}{110}$$

## （5）簡易課税制度（消・37）

　簡易課税制度とは，その課税期間における課税標準額に対する消費税額を基
にして，控除対象仕入れ税額を計算する制度をいう。これは，その課税期間に
おける課税標準額に対する消費税額から売上げ対価の返還等の金額に係る消費
税額の合計額を控除した後の金額に「みなし仕入れ率」を乗じて計算した金額
を仕入れ控除税額とみなす制度である。

　1）要件：課税仕入れに係る消費税額の簡易課税制度の適用を受けるために
は，つぎの2つの要件を満たす必要がある。

①課税事業者の基準期間における課税売上高が5,000万円以下であること。

②この適用を受ける旨の届出書を前課税期間までに所轄の税務署長あてに提
　出していること。

２）みなし仕入れ率

「みなし仕入れ率」は，図表13－１のように，事業区分ごとに決められてい
る。事業区分は日本標準産業分類により判定する。

図表13－１　みなし仕入れ率の事業区分

| 区　分 | 業　　種 | みなし仕入れ率 |
|---|---|---|
| 第１種事業 | 卸売業 | 90% |
| 第２種事業 | 小売業 | 80% |
| 第３種事業 | 農業，林業，漁業，鉱業，建設業，製造業等 | 70% |
| 第４種事業 | 第１，２，３，５，６種以外の事業（例えば，飲食業等） | 60% |
| 第５種事業 | 運輸通信業，金融業及び保険業，<br>サービス業（飲食店業を除く） | 50% |
| 第６種事業 | 不動産業 | 40% |

３）控除対象仕入れ税額の計算

控除対象仕入れ税額の計算は，つぎのように行う。

①１種類の事業のみを営む事業者の場合

第１種事業から第６種事業までの事業のうち，１種類の事業のみを営む事業
者については，その課税期間の課税標準に対する消費税額に該当する事業のみ
なし仕入れ率を乗じた金額が控除対象仕入れ税額となる。

$$\text{控除対象仕入れ税額} = \text{課税標準に対する消費税額} \times \text{（該当する事業の）みなし仕入れ率}$$

②２種類以上の事業を営む事業者の場合

第１種事業から第６種事業までの事業のうち，２種類以上の事業を営む事業
者の控除対象仕入れ税額の計算は，つぎのとおりである。

㈎　原則的な方法

　　それぞれの事業の課税売上に係る消費税額に，それぞれのみなし仕入れ率を乗じた金額の合計額が控除対象仕入れ税額となる。

㈏　第1種事業から第6種事業までの事業のうち2種類以上の事業を営む場合で，1種類の事業に係る課税売上高が全体の課税売上高の75%以上を占める場合（75%ルール①）

　　この場合は，その75%以上を占める事業のみなし仕入れ率を全体の課税売上高に対し適用することができる。

㈐　第1種事業から第6種事業までの事業のうち2種類以上の事業を営む場合で，特定の2種類の事業に係る課税売上高が全体の課税売上高の75%以上を占める場合（75%ルール②）

　　この場合は，その2種類の事業のうちみなし仕入れ率の高い方の事業に係る課税売上高については，そのみなし仕入れ率を適用し，それ以外の課税売上高については，その2種類の事業のうち，低い方のみなし仕入れ率を高い方の事業以外の事業に課税売上高に適用することができる。

　　3種類以上の事業を営む事業者については，特例の要件に該当するものが複数生じることがある場合，原則計算を含めていずれか有利なものを選択することができる。

4) 事業区分の方法

2種類以上の事業を営む事業者が仕入れ控除税額を計算する場合には，その課税売上高をそれぞれの事業ごとに区分する必要がある。区分はつぎのような方法によって行う。

①事業の種類ごとに記帳し，課税売上高を計算する方法

②納品書，請求書，売上伝票またはレジペーパー等に，事業の種類または事業の種類が区分できる資産の譲渡等の内容を記載し，事業の種類ごとの課税売上高を計算する方法

③事業場ごとに1種類の事業のみを行っている事業者の場合は，その事業場ごとに課税売上高を基礎として事業の種類ごとの課税売上高を計算する

　方法

　5）課税売上高を事業の種類ごとに区分していない場合

　2種類以上の事業を営む事業者が仕入れ控除税額を計算する場合に，それぞれの事業ごとに区分をおこなっていない場合は，その区分していない課税売上については，これら2種類以上の事業のうち最も低い事業のみなし仕入れ率を適用して控除対象仕入れ税額を計算することになる。

## 14.　申　　　告

### (1)　国内取引の場合

　1）　確定申告（消・45）

　事業者は課税期間ごとに課税期間の末日から2か月以内に，所定の事項を記載した消費税及び地方消費税の確定申告書を所轄税務署長に提出するとともに，その申告に係る消費税額及び地方消費税の合計額を納付することになる（個人事業者の確定申告・納付期限は，当分の間翌年3月末日までとされている）。

　なお，中間申告による税額があれば，これを控除した税額を納付する。

　2）　中間申告（消・42）

　①中間申告の支払回数

　中間申告の支払回数は，直前の課税期間の確定消費税額に応じてつぎのような取扱いになる。確定消費税額（年税額）は地方消費税込みの金額である。

　㋐　直前の確定消費税額（年税額）が4,800万円超の場合…年11回

　㋑　直前の確定消費税額（年税額）が400万円超から4,800万円以下の場合

　　　　　　　　　　　　　　　　　　　　　　　　　　　…年3回

　㋒　直前の確定消費税額（年税額）が48万円超から400万円以下の場合

　　　　　　　　　　　　　　　　　　　　　　　　　　　…年1回

　㋓　直前の確定消費税額（年税額）が48万円以下の場合…中間申告不要

②中間申告の方法

中間申告の方法は前年度実績による場合と仮決算による場合とがある。中間申告書を申告すべき事業者が，それを申告しなかった場合は前年度実績による申告書の提出があったものとみなされる。

## (2) 輸入取引の場合（消・47）

申告納税方式が適用される課税貨物を保税地域から引取ろうとする者は，課税貨物を保税地域から引取る時までに，その保税地域の所轄税関長に輸入申告書を提出するとともに，引取る課税貨物に課される消費税額及び地方消費税を納付することとされている。

# 15. 納税地

## (1) 国内取引の納税地（消・20, 22）

国内取引についての消費税と地方消費税の納税地は，つぎのとおりである。

１）個人事業者の納税地

①国内に住所を要する場合は，住所地となる。

②国内に住所を有せず，居所を有する場合は，居所地となる。

③国内に住所及び居所を有せず，事務所等を有する場合は，事務所等の所在地となる。

２）法人の納税地

①国内法人の場合は，本店または主たる事務所の所在地となる。

②国内法人以外の法人で国内に事務所等を有する法人の場合は，事務所等の所在地となる。

## (2) 輸入取引の納税地

保税地域から引取られる外国貨物についての消費税及び地方税の納税地は，保税地域の所在地となる。

# 16. 記帳事項と帳簿の保存

## （1）記帳事項

　課税事業者が仕入れ税額控除の原則的方法による場合，会計帳簿を備え付け，これに取引を行った年月日，取引の内容，取引金額，取引の相手方の氏名または名称等を，整然と，かつ明瞭に記載しなければならない。仕入れ税額控除の原則的方法による場合の帳簿への記載事項を示せば，図表13－2のようになる。

図表13－2　仕入れ税額控除の原則的方法による場合の帳簿への記載事項

| 区　　分 | 記　載　事　項 |
|---|---|
| 資産の譲渡等を行った場合 | 取引の相手方の氏名または名称・取引年月日・取引内容・取引金額 |
| 売上返品，売上値引きや売上割戻し等を行った場合 | 売上返品等に係る相手方の氏名または名称・売上返品等に係る取引年月日・売上返品等の内容・売上返品等に係る金額 |
| 仕入返品，仕入値引きや仕入割戻し等を行った場合 | 仕入返品等に係る相手方の氏名または名称・仕入返品等に係る年月日・仕入返品等の内容・仕入返品等に係る金額 |
| 貸倒れが生じた場合 | 貸倒れの相手方の氏名または名称・貸倒年月日・貸倒れに係る資産または役務の内容・貸倒れに係る金額 |
| 課税貨物に係る消費税額の還付を受けた場合 | 保税地域の所轄税関名・還付を受けた年月日・課税貨物の内容・還付を受けた消費税額 |

　これらは課税仕入れに係る消費税額を控除するための要件となっており，課税仕入れの事実があったとしても，この要件を満たしていないと課税仕入れに係る消費税額を控除することはできない。

　2018（令和元）年10月1日からの軽減税率適用により，「区分記載請求書等保存方式」が導入され，従来の請求書に課税資産に対する軽減税率と標準税率との区分記載が追加された。将来的には，2023（令和5）年10月1日からのインボイス方式への移行に伴い，「区分記載請求書等保存方式」から「適格請求書等保存形式」が適用されている。

## (2) 帳簿の保存（消・30）

課税事業者は，必要な事項を記載した会計帳簿を閉鎖の日の属する課税期間の末日の翌日から2か月を経過した日から7年間，納税地等で保存する必要がある。帳簿の保存方法としては，原則として現物での保存となるが，7年間のうち最後の2年間は，一定の要件を満たすマイクロフィルムによる保存が認められる。帳簿はこれらの記載事項を充足するものであれば，商業帳簿でも，所得税・法人税に対応する帳簿でも差支えない。

# 17. 地方消費税

## (1) 課税の対象（地・72の77）

地方消費税の課税の対象は消費税と同じであり，国内取引と輸入取引である。国内取引とは，事業者が事業として対価を得て行う資産の譲渡，貸付け及び役務の提供を行うことである。また，輸入取引とは，外国貨物が保税地域から引取られることである。

## (2) 納税義務者

地方消費税の納税義務者は消費税の納税義務者である。

## (3) 課税標準

地方消費税の課税標準は，算定された消費税法上の消費税額である。

国内取引については，課税標準に対する消費税額から課税仕入れ等に係る消費税額を控除した後の消費税額が課税標準になる。

課税貨物の保税地域からの引取りについては，保税地域からの課税貨物の引取につき課税される消費税額が課税標準になる。

## (4) 税率と税額の計算

地方消費税の税率は78分の22である。課税標準が，消費税額（国税）となる

ので消費税率（7.8％）×78分の22で，2.2％が消費税換算の税率となる。従って，個々の課税資産の譲渡についての税額計算にあたっては，税抜価格に10％（7.8％+2.2％）を乗じて計算すればよいことになる。申告に際しての計算は，つぎの計算式による。

　地方消費税額＝算定された消費税額（100円未満切捨て後）×78分の22

＊算定された消費税額を課税標準としての課税方法は，法人税で算定された法人税額を
　課税標準とする地方法人税の課税方法と同様である。地方消費税も地方法人税も地方
　公共団体に納付されるものであるが，いったん税務署（国）に納税され，国が地方公
　共団体に配分する仕組みも同様である。相違点は地方消費税が地方税法に基づくのに
　対し地方法人税は国税としての地方法人税法に基づく点にある。

## 18.　消費税税務会計

### (1) 消費税と地方消費税の税務会計処理

　消費税と地方消費税の会計処理は，消費税額と地方消費税額を，記帳上，売上高及び仕入高に含めて処理する方法（これを税込処理という）がある。これには，取引のつど区分する方法と期末に一括区分する方法がある。

　また，消費税額と地方消費税額を売上高及び仕入高に含めないで区分して処理する方法（これを税抜処理という）とがある。

　税込処理と税抜処理の，いずれの方法を採用するかは事業者の任意であるが，いずれの方法を採用しても納付する消費税額と地方消費税額の合計額は同額となる。

　税込処理と税抜処理の会計処理の概要は，図表13－3のとおりである。

**図表13－3　税込処理と税抜処理の会計処理の概要**

| 区　分 | 税込処理方法 | 税抜処理方法 |
|---|---|---|
| 特　徴 | 税抜計算の手間が省ける。<br>売上げまたは仕入れに係る消費税額と地方消費税額は，売上金額，資産の取得価格または経費等の金額に含まれるため，事業者の損益は消費税と地方消費税によって影響される。 | 税抜計算の手間がかかる。<br>売上げまたは仕入れに係る消費税額と地方消費税額は，仮受消費税等，または仮払消費税等とされ，事業者を通り過ぎるだけの処理となるため，事業者の損益は消費税と地方消費税によって影響されない。 |
| 売上げに係る消費税額等 | 売上げに含めて収益として計上する。 | 仮受消費税等とする。 |
| 仕入れに係る消費税額等 | 仕入金額，資産の取引価額または経費等の金額とする。 | 仮払消費税等とする。 |
| 納付税額 | 租税公課として損金（または必要経費）に算入する。 | 仮受消費税等から仮払消費税等を控除した金額の支出とし，損益には関係させない。 |
| 還付税額 | 雑収入として益金（または総収入金額）に算入する。 | 仮払消費税等から仮受消費税等を控除した金額の入金とし，損益には関係させない。 |

## （2）税込処理と税抜処理の取引例

原則課税における税込処理と税抜処理の取引例の仕訳を示す（単位：円）。

①商品￥11,000（うち消費税￥1,000）を掛で仕入れた。

②小切手を振出して，備品￥330,000（別に消費税￥30,000）を購入した。

③得意先へ商品￥88,000（うち消費税￥8,000）を掛売りした。

但し，課税事業者が，不特定多数かつ多数の者に課税資産の譲渡等を行う場合，価格の表示に消費税額及び地方消費税額の合計額に相当する額を含めた価格を表示しなければならない（総額表示の義務）（消・63）。

| 取引例 | 税 込 処 理 | 税 抜 処 理 |
|---|---|---|
| ① | （借）（仕　　　　入）　11,000<br>　　　　（貸）（買　掛　金）　11,000 | （借）（仕　　　　入）　10,000<br>　　　　（仮払消費税）　　1,000<br>　　　　（貸）（買　掛　金）　11,000 |
| ② | （借）（備　　　　品）330,000<br>　　　　（貸）（当座預金）330,000 | （借）（備　　　　品）300,000<br>　　　　（仮払消費税）　30,000<br>　　　　（貸）（当座預金）330,000 |
| ③ | （借）（売　掛　金）　88,000<br>　　　　（貸）（売　　　上）　88,000 | （借）（売　掛　金）　88,000<br>　　　　（貸）（売　　　上）　80,000<br>　　　　（仮受消費税）　　8,000 |

## 19. 情報通信環境に生じた変化への対応

　国内において事業者が行った資産の譲渡等及び特定仕入れには，消費税法第4条第1項により 消費税を課するところ，課税実務では資産の譲渡等及び特定仕入れが国内において行われたかどうかの判定＝国内取引か国外取引かの判定（内外判定）が重要になる。

　一方，消費税法における資産の譲渡等と課税仕入れ等の形態は，多様・複雑化している。一例をあげると，デジタル化の進展は，コンテンツと伝送インフラ，そしてこれらを結ぶプラットフォームを顕在化させた。このような情報通信環境の変化は，デジタルコンテンツのアウトレットの増加にみることができる。

　Facebook，Google，Microsoft，Twitter，YouTubeなどプラットフォーム事業者の躍進は，コンテンツ流通の自由化を促進した。その結果，YouTuberなどのインターネット配信者が職業として社会的に認知されている。

　かつて，音声や映像を広域に配信することは映画や放送に限られた仕事だった。なぜならば，そこでは，コンテンツの制作過程において非常に高価で専門的な設備機器を要しており，作品を流通させるための伝送路＝チャンネルを確

保することも容易でなかったからである。ところが今や，比較的安価で操作性の高いカメラが普及し，動画を編集するための汎用ソフトウェアが一般向けに頒布されており，インターネットに接続できる環境さえ整えることができれば，簡単に作品をオーディエンスに拡散することが可能になった。その結果，音声映像コンテンツの生産者としての映画や放送の限定性は減少したのである。

　この技術革新は，事業に新規参入することの障壁を押し下げ，YouTuberの出現などプレイヤーの多様化を生起した。もともと音声映像コンテンツを配信する事業の取引が消費税法でどのような取扱いとなっているかについては，映画会社や放送事業者など限られた事業者の問題だった。しかし，インターネットが普及し，誰もが発信者となっていくことで，この問題はYouTuberをはじめSNSのインフルエンサーにとっても前景化したのである。

　課税実務においては，このような情報通信環境に生じた変化への対応が課題になっており，平成27年度税制改正では，電子新聞・電子書籍・音楽・映像・広告の配信などの電気通信回線（インターネット等）を介して行われる役務の提供を「電気通信利用役務の提供」と位置付け，その役務の提供が消費税の課税対象となる国内取引に該当するかどうかの内外判定基準を抜本的に見直するとともに，新たな課税方式としてリバースチャージ方式が導入されたことは記憶に新しい。

　インターネットを通じて行われる映像・広告の配信についての消費税の取扱いの説明は以上であるが，申告・納税する立場から確認する必要性が高いと考えられるものは，以下のとおりである。

## （1）内外判定の実務

### 1）映像の配信

　インターネットを通じて行われる音声映像の配信は，電気通信利用役務の提供に該当する[10]。したがって日本国内のインターネット配信者が視聴者との間

---

10　国税庁消費税室『国境を越えた役務の提供に係る消費税の課税に関するQ&A』国税庁，2016（平成28）年，1ページ。

で直接に有料動画配信サービスを行った場合には，当該動画の視聴者の住所等が日本国内にあるかどうかにより内外判定を行うことに留意しなければならない。

視聴者の住所等（個人の場合には住所または居所，法人の場合には本店または主たる事務所の所在地）が日本国内にあるならば，その映像の配信は，消費税の課税対象となる国内取引に該当するのである。

2）広告の配信―YouTubeを事例にして

YouTubeから生じる広告収入は，インターネットを通じて行われる広告の配信の対価であり，その配信は，電気通信利用役務の提供に該当する。したがって日本国内のYouTuberが広告配信を行った場合には，当該役務の提供を受ける者の住所等が日本国内にあるかどうかにより内外判定を行う。Google AdSenseを利用したYouTube上での広告配信の場合，この役務の提供を受ける者はGoogle Asia Pacific Pte. Ltd.であり，その住所地はシンガポールであるので消費税の課税対象外となる国外取引に該当するのである。

3）ライセンスの付与

インターネットを通じて行われる音声映像配信サービスの取引形態には，上記1）のほか，インターネット配信者がプラットフォーム事業者に対してコンテンツを視聴させるライセンス（著作権）を付与する方法も散見される。

この取引形態をとる場合，インターネット配信者がプラットフォーム事業者に対して映像コンテンツを配信するのではなく，映像を視聴させるライセンスを付与している。この契約では，インターネット配信者は，プラットフォーム事業者に対して自己の著作物（コンテンツ）を利用させる許可を付与しており，プラットフォーム事業者は視聴者に対してその著作物を利用（視聴）させる許可を再付与しているのである。

この取引は，消費税法上，著作権の貸付けに該当する。したがって日本国内のインターネット配信者がコンテンツに係る著作権の貸付を行った場合には，著作権の貸付が行われる時においてその著作権の貸付者の住所地が日本国内にあるかどうかにより内外判定を行うことに留意しなければならない。

　貸付者の住所地（個人の場合には住所または居所，法人の場合には本店または主たる事務所の所在地）が日本国内にあるならば，その著作権の貸付けは消費税の課税対象となる国内取引に該当するのである。

## 20.　わが国消費税法の特質

### （1）消費税率の引き上げが国民の消費性向に対し抑制的に作用する

　わが国の消費税法の税率は，3％→5％（地方消費税法込）→8％（地方消費税法込）→10％（地方消費税法込+8％の複数税率採用）と推移してきたが，その都度国民の消費性向は抑制され，消費拡大の阻害要因となり，景気が冷え込み国民所得が低下してきた。すなわち，消費税法における税率の引き上げは，国民の消費性向に対し抑制的に作用する。

### （2）逆進性の問題

　わが国消費税法では逆進性の問題が生じている。逆進性とは本来税は負担能力に応じて課されることが課税の垂直的公平の観点から進められるべき方向性であるにもかかわらず，この逆に進むことを云う。すなわち所得の少ない者や財産の少ない者に対しても，所得の多い者や財産の多い者と同様の税率で課税することは公平な課税ではない，という問題である。

＊消費税はすべての消費に対して課税されるから公平であるという見解を他の書物などで見るが，これは租税論的見地から正しい見解とは云えない（国庫主義の立場を反映した意見であろう）。

　この点についての解決策は，複数税率の採用や免税品目の特定が理論的に考えられるが，複数税率の採用については実務に過剰な事務負担が生じ経済的中立性を大きく阻害しているという問題，飲食料品への低率適用は富裕層優遇であるという問題が生じている。また免税品目の特定については業界の意向があるために純粋に品目を特定できるのか，という問題が生ずる。そして免税品目

の特定を行うことによって，付加価値税で最も重要視される，税の転嫁がゆがむという問題が生じている。


### （3）簿記・会計上の「取引」と消費税法上の「課税売上げ」及び 「課税仕入れ」の混在

１）簿記・会計上の「取引」

簿記・会計上の「取引」とは，企業の資産・負債・資本を増減させる経済事象を云う。費用・収益の発生や消滅も結果として資本を増減させるため「取引」となる。すなわち簿記・会計上の「取引」とは，企業の資産・負債・資本を増減させる経済事象及び費用・収益の発生や消滅させる経済事象を云う。企業会計はこのルールに従って「取引」を認識し，会計帳簿に「仕訳」を記入することから始まる。

２）付加価値税としての消費税法上の「課税売上げ」及び「課税仕入れ」

付加価値税としての消費税法上の「課税売上げ」及び「課税仕入れ」は，「課税売上げ」から「課税仕入れ」を控除して付加価値を測定するものであるから，「課税売上げ」は事業者の付加価値を高める経済事象となり，「課税仕入れ」は事業者の付加価値を低くする経済事象が該当する。

３）「取引」と「課税売上げ」及び「課税仕入れ」との関係

上述のように，簿記・会計上の「取引」の範囲と消費税法上の「課税売上げ」及び「課税仕入れ」はそれぞれの意味するところが異なっているにもかかわらず，企業の会計帳簿で取り扱われるため，実務では十分な認識をもって処理することが求められる。企業会計上の取引と消費税法上の不課税取引・課税取引・非課税取引の関係は次のようになる。すなわち全ての取引の中に，課税しない取引（不課税取引）と課税取引があり，課税取引の中に非課税取引がある。実務では取引の仕訳を行うときに，一つ一つの取引にこれらの取引の種類を当てはめて処理する。

企業会計上の「取引」と消費税法上の「課税取引」・「非課税取引」・「不課税取引」の関係を図で示せば図表13－4のようになる。

図表13- 4　企業会計上の「取引」と消費税法上の「課税取引」・
「非課税取引」・「不課税取引」の関係

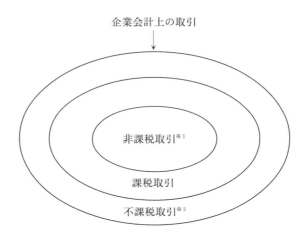

企業会計上の取引

非課税取引*1

課税取引

不課税取引*2

＊１には，土地の譲渡等がある。
＊２には，会費・寄付金・補助金・受取配当・減価償却費等がある。

（出所：濵沖作成）

４）販売価格に消費税額を上乗せするのか否かという問題

わが国の消費税法は非課税取引及び課税対象外取引を設けているため非課税
取引や課税対象外（不課課税）取引には消費税が課されない。事業者にとって
は，仕入れ時に支払った消費税額を回収するために，販売価格に消費税額を上
乗せするのか否か，或いは支払った消費税額と同額以上の値上げをせざるを得
ないという問題が生じている。

＊輸入・輸出の課税関係：輸入貨物は，「保税地域から引き取られる外国貨物」という
　ことで課税されるが，輸出貨物には課税されない。これは，もし輸出貨物に課税すれ
　ば消費税額を含めた額が外国向けへの販売価格となり，同種同質製品を輸出する他の
　外国が消費税を課税せずに輸出したとした場合，当国事業者は販売競争の点で劣位に
　なるからである。すなわち，輸出時に消費税を上乗せした分価格が高値となり，自国
　の企業の国際競争力を低下させることになる。このように輸出時に消費税を課税しな

いことを「仕向け地主義（課税）」と云い，多くの国が採用している。わが国でも「仕向け地主義（課税）」を採用しているが，輸出業者は国内で仕入れた時に消費税を支払っており，一方輸出時には消費税を掛けないということであるから，消費税の計算は輸出時（売上げ時）の消費税 0 円－仕入れた時に支払った消費税（例えば）100円＝－100円となり，消費税の還付となる。この時の計算は，課税売上げ高× 0 パーセント＝ 0 円となるため，ゼロ税率適用とも云われる。

### (4) 事業者の多大な事務負担

　現行の消費税制は，およそ簡素な税制とは言い難く，事業者に多大な事務負担を課しているのが実情である。こうした問題を一層増幅させたのが令和元年10月から導入された軽減税率（複数税率）制度である。この制度は政府与党内の政治的判断でなされたものであるが，低所得者対策としては非効率であり，事業者に多大な事務負担を強いている[11]。これは，アカウント（帳簿）方式を採用しているがゆえに生じた問題である。令和 5 年10月よりインボイス方式に移行したが，アカウント方式を維持したままでの免税事業者制度の維持及び複数税率区分の採用，さらにインボイス方式の採用による事務負担の増大は，事業者の事務過重負担の状況にある。経済的中立性の原則の観点より，消費税法における課税手続構造の簡素化が抜本的に求められている。

---

11　日本税理士会連合会税制審議会「消費税制における手続規定の簡素化について－令和 2 年度諮問に対する答申－」令和 3 年 4 月 9 日 8 ページ。

# 第14章　相続税法（相続税及び贈与税）

　わが国の相続税は明治42（1909）年に日露戦争の戦費調達を目的として，資産家を対象として創設され現在に至っている。近年増税の法改正が行われて比較的資産を有している個人の資産が課税対象とされている。

　相続税及び贈与税の意義は応能負担原則による「再分配機能」である。一般に，人間は生活の糧として所得を獲得し，また，その一部について生活を維持するために必要となる預貯金や土地・建物等の財産として蓄えることが常である。従って，所得だけでなく，その財産についても課税対象とすることで，応能負担原則による「再分配機能」が担保される。そのため，相続税及び贈与税は「所得税の補完税」ともいわれ，所得税と相続税により，「人間は二度課税されて生涯を終える」ことになる。

　本章では相続税及び贈与税の課税の根拠，ならびに，それらの税額計算について概観し，相続税及び贈与税における税務会計への基本的な説明を行う。

　まずはじめに，本章で学習する内容にかんする用語を説明すれば，以下のようになる。

被 相 続 人：相続される人。すなわち死亡する人または死亡とみなされる人。

相 　 続 　 人：被相続人から財産を引継ぐ人。財産には負債も含まれる。

相続発生の日：被相続人が死亡等（等にはみなされたことを含む）した日。

遺 　 言 　 書：遺言書には，自筆証書遺言・公正証書遺言・秘密証書遺言がある。相続人等が遺言書を発見しないまま遺産分割が終了することを防ぐ等の目的から法務局での「自筆証書遺言書制度」があるが，これは内容を証明するものではない。

遺 　 　 　 　 贈：被相続人の遺言によってその財産が移転することをいう（贈与をした人が亡くなることによって効力を生じる贈与のことを死因贈与

といい，相続税法上，遺贈として扱われる）。

財 産 分 与：財産分与は相続人間の合意があれば，その合意で分与される。合意が得られず裁判所に訴える相続人がいる場合，裁判官は民法相続編等，関係法令に従って判決することになる。

遺産分割協議書：相続人間の遺産分割の合意書。これには実印押印＋印鑑証明書添付が必要となる。相続人のうち1名でも協議内容に異議を示した場合，遺産分割協議は成立しない。

## 1．相続税の基礎概念

### （1）相続税とは

　相続税は，「被相続人」の財産を相続や遺贈によって一時的に取得した「相続人」に対して，その担税力の増加分について課税するものである。従って，担税力の増加分を計算するため，相続税法に基づき課税計算を行う。

　しかし，相続税の対象が財産であること，及び相続発生時に課税されることを考慮すると，生前に親族等に財産の贈与を行うことで相続税の課税を回避することを企図する要領の良い納税者が現れることも考えられる。

　従って，生前における贈与財産についても課税する必要が考慮され，相続税法の中に贈与税を設けることで，相続税を補完している。詳しくは「5．贈与税の意義」を参照のこと。

### （2）納税義務者

　相続税の納税義務者は，相続や遺贈等により財産を取得した者である。しかし，基礎控除（免税点）があるため，すべての相続に対して納税が行われるわけではない。他にも相続税額の計算上，多数の控除があるので，「3．相続税額の計算方法」で別にまとめる。

## 2．相続税における財産評価

　相続税における財産評価は，相続税法12条に定めがあるが，相続時の時価と定めるのみであり，実際には財産評価基本通達6項により行われる。そこで，相続税の特徴として考慮されていることを抜粋すると，以下になる。

　㋐　自宅敷地の評価軽減（生存権の保護）

　㋑　大きな基礎控除（一定の相続財産の保護と税務行政への配慮）

　㋒　配偶者への税額軽減（共同して財産を築いた者への配慮）

　㋓　超過累進税率（遺産額に応じた課税（応能負担）＝富の再分配）

　㋔　生前の贈与は贈与税で補完（相続税よりも高率の超過累進税率）

　実際に，これらの特徴をどのように課税に取り込んでいるのかを財産評価を通じて確認していきたい。

### （1）相続税の特徴を踏まえた財産の分類

　1）相続財産の種類（主なもの）

　相続財産の評価対象は被相続人が死亡した時等に保有している財産のうち金銭で見積もり可能なすべての財産であり，各々時価で評価される。

　①預貯金，②土地・家屋・事業用資産，③有価証券・金融資産，④家財・書画骨董，⑤無体財産（特許権・著作権等）等が主なものとして挙げられる。

　2）みなし相続財産（その他の相続財産）

　みなし相続財産とは，本来の相続財産ではないが，その経済的実質は相続財産と同様であるとして，課税の公平の見地から相続財産とみなしている。みなし相続財産は，被相続人の生前所有財産ではないことから，相続人の固有財産となる。そのため，民法の規定による相続財産には該当せず，遺産分割協議の対象外となり，原則として遺留分の計算にも算入されない。

　みなし相続財産の主なものとして，被相続人が負担していた①生命保険金・損害保険金，②死亡退職金，③生命保険契約に関する権利，④定期金（保険金・

年金等で終身受領）に関する権利，⑤保証期間付定期金（保険金・年金等で期間限
定受領）に関する権利，⑥遺言によって受けた権利（特別縁故者への遺贈・信託・
定額譲渡・債務免除・その他の利益）が挙げられる。

　3）贈与財産のうち一定のもの

　贈与財産のうち一定のものに該当する財産とは，相続時精算課税制度に係る
贈与財産，相続開始前7年以内の贈与財産である。

　4）債務及び葬式費用

　被相続人の債務は取得した財産の価額から控除できる。しかし，控除できる
債務の金額は確実なものに限られ，具体的には以下の通りである。

　①借入金，②預かり保証金，③未払医療費，④未払税金

　被相続人の葬式に要した費用についても，取得した財産の価額から控除でき
る。具体的には以下の通りである。

　①通夜，葬式，葬送に係る費用等で通常葬式に伴うと認められる費用

　②葬式に際して施与した金品のうち，相当と認められるものの費用

　③遺体の捜索または遺体・遺骨の運搬に要した費用

　5）非課税財産

　非課税財産とは，①墓地・仏壇等，②相続人が取得した保険金のうち一定額
［500万円×法定相続人の数］，③相続人が取得した死亡退職金のうち一定額
［500万円×法定相続人の数］，④公益事業用財産（宗教・慈善活動・学術等の公益
目的事業に使うことが確実なもの），⑤国等（国・地方公共団体，特定公益法人等）
へ寄付した財産等の，国民の信条や社会政策的に不適当なもの，或いは，残さ
れた遺族の今後の生活を考慮したものが対象となっている。

　6）配偶者居住権

　2020年4月からの民法上の配偶者居住権（民法1028条）の施行に合わせて，
相続税法においても配偶者居住権が創設された。配偶者居住権とは，遺産分割
や遺贈の目的として相続人配偶者に認められる一身専属の権利であるが，相続
開始時において被相続人所有の建物に居住し，被相続人以外の者とその建物を
共有していないことが成立要件となる。

　なお，その効果としては，自宅以外の相続財産がない配偶者が，遺産分割で自宅を売却せざるをえなくなる等の不利益を防ぎ，配偶者の生活保障に資することが期待されている。

## （2）相続税の特徴を踏まえた財産の評価

　相続税法上の財産の評価で，土地及び土地の上に存する権利・家屋については図表14－1に示すとおりである。

図表14－1　土地及び土地の上に存する権利・家屋

| 宅地（自用地） | 宅地の評価方法には路線価方式と倍率方式があり、どちらで評価するかは宅地の所在地によって決定 |
| --- | --- |
| | ①路線価方式＝主に市街地にある宅地 |
| | ②倍率方式（固定資産税倍率方式）＝上記①以外の宅地 |
| 借地権 | 自用地評価額×借地権割合 |
| 貸宅地 | 自用地評価額×（1－借地権割合） |
| 広大地 | （1）定義：その地域における標準的な宅地の地積に比して著しく地積が広大な宅地で、都市計画法に規定する開発行為を行うとした場合に公共公益的な施設用地（道路，公園等）が必要と認められるもの |
| | （2）評価方法：広大地の面する路線の路線価×広大地補正率（注）×地積 |
| | （注）広大地補正率（下限0.35）＝0.6－0.05×広大地の地積／1,000㎡ |
| 自宅（自用家屋） | 家屋の固定資産税評価額×1.0 |
| 貸家 | 家屋の固定資産税評価額×1.0×（1－借家権割合×賃貸割合） |

　また，預貯金・債権・株式・その他一般財産については図表14－2に示すとおりである。なお，取引相場のない株式で支配株主のない場合は除いている。

図表14－2　預貯金・債権・株式・その他一般財産

| 預貯金 | (1) 定期預金，定期郵便貯金，定額郵便貯金＝<br>　　預貯金の残高＋解約する場合の既経過利息－源泉税 |
| | (2) (1) 以外の預貯金で既経過利子が少額なもの＝預貯金の残高 |
| 債権（利子付き） | (1) 上場されているもの＝最終価格＋既経過利息－源泉税 |
| | (2) (1) 以外のもの＝発行価額＋既経過利息－源泉税 |
| 上場株式等 | 課税時期の終値及び，課税時期の属する月以前3か月の終値の<br>月中平均のうち，いずれか低い金額 |
| 取引相場のない<br>株式<br>（少数株主） | 同族株主以外，あるいは議決権割合の合計が15％未満のグループ<br>に属する株主であれば，会社の規模に関係なく配当還元方式（注） |
| | (注) 配当還元方式＝年間受取配当金額を一定の利率（10％）で還元し，<br>　　元本の株式価額を評価する方法 |
| 書画骨董 | 課税時期の調達価格＝売買実例価額，精通者意見価格等を参酌して評価 |
| 一般財産<br>（車，家具等） | 調達価格が不明の場合，新品小売価格から経過年数による減価の<br>額で算出 |
| | この場合の減価方法は定率法 |
| ゴルフ会員権 | (1) 取引相場のあるもの＝取引価格×70％ |
| | (2) 取引相場のないもの |
| | ①株式制の会員権＝株式として評価した金額 |
| | ②預託金制の会員権＝預託金等の金額 |

## 3．相続税額の計算方法

　現行相続税法上の相続税額の計算方法の順番は以下である。すなわち，
(1) 各人の課税価格を求めて合計（相続税額を算定する上での基礎）
(2) 基礎控除後の課税価額を法定相続分で配分して税額算定後，再合計
(3) 再合計した税額を各人の実際の財産取得分に応じて按分
　これらを合わせて，現行制度の「法定相続分課税方式」になっている。
以下でそれぞれの段階に分け，計算方法を解説する。

### (1) 相続税課税価格の計算方法

各相続人における課税価格の計算方法を理解を容易にするために図表で示せば，図表14－３のようになる。

**図表14－３　各相続人における課税価格の計算方法**

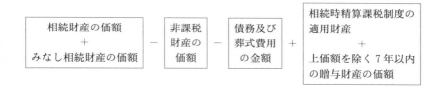

| | | | | | | |
|---|---|---|---|---|---|---|
| 相続財産の価額<br>＋<br>みなし相続財産の価額 | － | 非課税財産の価額 | － | 債務及び葬式費用の金額 | ＋ | 相続時精算課税制度の適用財産<br>＋<br>上価額を除く７年以内の贈与財産の価額 |

### (2) 相続税総額の計算方法

**図表14－４　課税遺産総額の計算**

| | | | | |
|---|---|---|---|---|
| 課税価格の合計額<br>（図表14－３から算出） | － | 基礎控除額<br>＝3,000万円＋600万円<br>×法定相続人の数 | ＝ | 課税遺産総額 |

図表14－３及び14－４から求めた課税遺産総額を，法定相続人が法定相続分に応じて取得したものと仮定して各相続人に分配し，その後各相続人に分配した金額（法定相続分に応じた取得金額）に応じた税率表（図表14－５参照）の税率（超過累進税率）を適用する。最終的に各相続人の税額を再合計し，相続税総額を求める。

**図表14－５　相続税の税率表**

| 法定相続分に応ずる取得金額 | 税率 | 控除額 |
|---|---|---|
| 1,000万円以下 | 10% | － |
| 3,000万円以下 | 15% | 50万円 |
| 5,000万円以下 | 20% | 200万円 |
| １億円以下 | 30% | 700万円 |

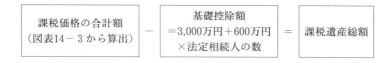

| | | |
|---|---|---|
| 2億円以下 | 40% | 1,700万円 |
| 3億円以下 | 45% | 2,700万円 |
| 6億円以下 | 50% | 4,200万円 |
| 6億円超 | 55% | 7,200万円 |

## (3) 各相続人における納付税額の計算

各相続人の納付税額の計算は図表14－6に示すとおりである。

算定された相続税総額は，相続人の連帯責任となる。

### 図表14－6　各相続人の納付税額の計算

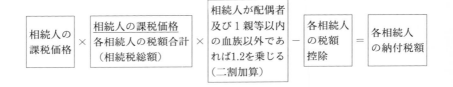

## (4) 税額控除

税額控除の目的は，二重課税の排除及び政策的な税負担の軽減措置である。具体的には以下のとおりとなる。

1) 贈与税額控除（7年以内の贈与財産にかかる贈与税額分の控除，令和5年度税制改正で新たに制度の対象となる相続開始前3年以内に贈与により取得した財産以外の財産については，その財産の価額の合計額から100万円を控除した残額にかかる税額を控除）

2) 配偶者の税額軽減（配偶者の算出相続税額からその配偶者の贈与税額控除額を控除した金額，或いは，配偶者の相続税の実際取得額または1億6,000万円か配偶者の法定相続分のいずれか多い方の金額を実際の相続分で按分した金額のいずれか少ない方の金額を控除）

3) 未成年者控除（満18歳になるまでの年数×10万円（1年未満切上げ））

4) 障害者控除（満85歳になるまでの年数×10万円（特別障害者は20万円，1年未

満切上げ））

5）相次相続控除（前回相続開始から10年以内に相続開始の場合（10年まで毎年段階的））

6）外国税額控除（外国にある遺産で課税済みのものには課税しない）

7）相続時精算課税制度に係る贈与税額控除（贈与額から毎年110万円の基礎控除を差引いた後の金額で非課税枠2,500万円を超えた金額にかかる税額は前払いであるから控除）

## 4．相続税の申告・納付

　相続税の申告・納付の期限は，相続の開始（被相続人の死亡等）があったことを知った日の翌日から10か月である。この期間に相続放棄等の判断や，被相続人の所得税・消費税の準確定申告，遺産分割協議の確定等を行わなければならない。

　主な相続税申告までの流れとしては，まず，被相続人の遺言書の確認をし，次に，遺言の内容に応じた遺産分割協議書を作成（協議不成立の場合は後述）するが，相続財産の内容によって，相続人は相続放棄や限定承認（相続人全員での共同申請が必要であり，限定承認の場合，相続財産は被相続人の譲渡所得として課税されることに注意）を選択することもある（選択するのであれば，いずれも3か月以内に家庭裁判所への申述が必要）。

　次に，被相続人に所得が生じていた場合，被相続人の準確定申告及び納税を，所得税法に従って相続発生から4か月以内に相続人が連帯して行う（準確定申告）。

　これらの手続を踏まえて，最終的には相続発生から10か月の期限内に，各相続人の申告書作成及び納付方法の決定をし，相続税の申告・納付を行う。

### （1）相続税の申告・納付

　相続人となったすべての者は，上記相続税の申告・納付期限内に，被相続人から取得する財産及び債務について確定させ，被相続人の住所地を所轄する税

務署に相続税申告書を提出し，相続税を納付しなければならない。

　なお，相続税の申告期限までに遺産分割協議が不成立であれば，その未分割の財産につき，法定相続分で財産を取得したものとして申告・納付を行い，確定後に更正の請求を行う（分割確定から4月，申告期限から3年以内であれば，通常の申告と同様各種特例を適用可能，それ以外は適用不可）。

### （2）納付方法の特例（延納・物納）

　相続税も金銭一括納付が原則である。しかし，納付税額等が10万円を超え，納期限までに金銭で納付することを困難とする事由がある場合には，納付期限までに，担保提供を申し出ることで，原則5年以内の年単位分割が可能となる。これを「延納」という。延納の許可を得た相続税には利子税がかかる。

　また，「延納」でも納税が困難な場合には，延納でも納付することが困難な事由及び納付期限までに財産ごとの必要書類を添えて物納申請書を提出することで相続財産による納付が可能となる。これを「物納」という。

## 5．贈与税の意義

　贈与税とは，財産の贈与を受けた者に課される税金である。また，贈与税は相続税の負担を回避する目的で生前贈与を行う者への対策として，相続税の補完税としての役割がある。そのため，相続税と比較して税率等の面で税負担が重くなるように設計され，富の再分配機能を高める税といえる。

### （1）贈与税の対象となる贈与

　1）民法上の贈与（民・549）

　民法上の贈与とは，無償・片務・諾成契約であり，典型契約の一つである。但し，贈与者の意図に沿わない贈与を保護するため，書面によらない贈与については，未履行の部分に限り，取り消しが可能と理解されている。

２）みなし贈与（相・9）

　みなし贈与とは，民法上の贈与と違い，政策上の理由から，贈与者と受贈者双方の合意（諾成）がなくとも，経済的実質が贈与と同様であれば，贈与とみなして贈与税を課すことである。具体的には以下のとおり。

①保険金・定期金等の将来金銭債権（支払者と受取人が異なる場合）

②任額譲受（支払対価と適正時価との差額を贈与されたとみなす）

③債務免除（債務の弁済が困難な額以外の額を対象）

④無利子の金銭貸与（無利子の金銭貸与は一般的にはあり得ない）

⑤婚姻の解消による財産分与等（不相当に高額な場合や課税逃れの場合）

⑥名義変更（財産の名義人が所有権者＝納税者である）


**(2)　贈与税の非課税財産**

１）相続税法上の非課税財産

①法人からの贈与財産（一時所得となり，所得税で課税）

②生活や教育に充当するための贈与財産（不相当に高額でない場合に限る）

③公益事業に資する贈与財産（公益法人への寄附等）

④条例にもとづく心身障害者共済制度による給付金受給権

⑤特別障害者が受領する信託受益権

⑥公職選挙の候補者が受領する贈与財産

２）実務（基本通達）上の非課税財産

①婚姻の解消による財産分与等（但し，例外あり（みなし贈与参照））

②香典，花輪代，贈答，祝物等の金品で社会通念上相当と認められるもの


## 6．贈与税の計算及び申告・納付


　贈与税の納税義務者は財産を贈与された者であり，納税義務者となった者は，2月1日から3月15日までの間に原則，住所地の所轄税務署に申告・納付する。なお，提出先と申告期間は所得税と同一である。

## （1）贈与税の計算方法

### 1）暦年課税

暦年の贈与財産額から基礎控除110万を控除し，贈与税の税率を乗じる。なお，直系尊属（祖父母や父母など）から，その年の1月1日において18歳以上の者（子・孫など）への贈与は特例贈与財産とされ，一般贈与財産と区別される。

＊相続税法上の基礎控除は60万円であるが，租税特別措置法において110万円とされている。

＊近年暦年課税廃止の論議があったが，令和5年度税制改正によって，これまで3年以内の生前贈与が相続財産に加算されていたものが7年以内に延長されることで当面の決着をみている。

### 2）相続時精算課税

60歳以上の直系尊属から18歳以上の子孫へ贈与する場合，その子孫が申請することで，暦年課税を生涯放棄する代わりに2,500万円の非課税枠が適用される制度である。受贈財産が非課税枠を超えた場合に課される税率は一律20％である。なお，相続時には，非課税枠を合計し清算するため，非課税枠を超えた部分に課された贈与税は相続税から控除される（二重課税の排除）。

相続時精算課税における基礎控除は，暦年課税の毎年110万円控除とは別に毎年110万円であり，複数の特定贈与者からの贈与の場合は各特定贈与者からの贈与額に応じて按分した金額が基礎控除となる。

相続時精算課税は，その特徴として，贈与時時価を積算するため，実際の相続時の時価に比して相続税額の高低が生じる。ただし，相続時精算課税適用者が特定贈与者から取得した一定の土地又は建物が被災によって被害を受け一定の手続きを経た場合，被災した部分の価額を取得時の価額から控除する。

＊この土地又は建物の価額の特例適用については，①特定贈与者の相続に係る相続税の申告期限までに被災する②該当の土地建物贈与日から災害発生日まで継続して所有する③贈与税の納税地の所轄税務署長に災害発生日から3年以内に申請書を提出し承認を受ける（原則としてその災害発生日から3年を経過する日までに災害による被害額や保険金などにより補填される金額などの事項を記載した申請書に「り災証明書」など一定の書類を添付してその相続時精算課税適用者の贈与税の納税地の所轄税務署長に提出し承認を受ける），という3要件が必要である。ただし災害減免法の適用との選択適用である点に留意する。

## （2）贈与税の税率

### 1）一般贈与財産

一般の贈与財産に係る税率表は図表14-7に示すとおりである。

### 2）特例贈与財産

特例贈与財産に係る税率表は図表14-8に示すとおりである。

図表14-7　一般贈与財産に係る税率表

| 基礎控除後の課税価格 | 税率 | 控除額 |
|---|---|---|
| 200万円以下 | 10% | － |
| 300万円以下 | 15% | 10万円 |
| 400万円以下 | 20% | 25万円 |
| 600万円以下 | 30% | 65万円 |
| 1,000万円以下 | 40% | 125万円 |
| 1,500万円以下 | 45% | 175万円 |
| 3,000万円以下 | 50% | 250万円 |
| 3,000万円超 | 55% | 400万円 |

## （3）納付の特例（延納）

贈与税にも延納がある。制度は相続税と同一のため，本章4．（2）納付方法の特例（延納・物納）の箇所を参照されたい。

図表14－8　特例贈与財産に係る税率表

| 基礎控除後の課税価格 | 税率 | 控除額 |
|---|---|---|
| 200万円以下 | 10% | － |
| 400万円以下 | 15% | 10万円 |
| 600万円以下 | 20% | 30万円 |
| 1,000万円以下 | 30% | 90万円 |
| 1,500万円以下 | 40% | 190万円 |
| 3,000万円以下 | 45% | 265万円 |
| 4,500万円以下 | 50% | 415万円 |
| 4,500万円超 | 55% | 640万円 |

## 7．相続と相続税・贈与税（具体例）

　財産分与は相続人間の合意が完全にあれば，その合意で分与される。合意が得られず，裁判所に訴える相続人がいる場合，裁判官は民法総続編等，関係法令に従って裁判を進めることになる（もっとも裁判官による仲裁で和解することがかなりの割合である）。

＊財産分与を考えるとき，まず初めに純粋な被相続人の意思に基づき分与はなされるべきである。しかし被相続人が財産分与の意思を示さず他界した場合，相続人の中には民法総続編で定める法定相続人での分与をまず第1義的に考える方がいるが，そうではなく相続人間で遺贈の合意ができて「遺産分割協議書」が整えば，それで財産の引継ぎが行われる。

　相続税法の活きた学習のためには，相続が行われる前の段階から相続が終了するまでの全体の流れ及び関係する他の法令（民法総続編・所得税法等）の理解をあらかじめしておくことが重要である。相続税法は相続が行われる全体の中の関係者の判断と密接な関係があるからである。逆に云えば，一連の相続の流れは，相続税法の規定を織り込みながら関係者によって進められるということ

である。つまり，相続税法の適用は，相続税法単独で存在するものではないが相続税法は期限内申告を条件で節税できる規定を設けているので，このことを織り込んでの被相続人の生前の財産分与の計画が必要となる。相続税法の規定を適用することでかなりの節税がなされるので，被相続人及び相続人は事前の準備を周到に行うことが求められる。

　以上の理解のために，ここで１つのモデルで見ていく。

　モデルの親族の構成は，被相続人予定者の父と法定相続人の妻及び３人の子供である。

ア．父は，生前に自宅の土地を妻に譲り，長男には自宅を譲ろうと考えた。
　　そこで，今譲れば税金がかかるか否かを調べた。

・贈与税が該当する。
　贈与税には暦年課税と相続時精算課税があり，暦年課税の場合１年間で110万円を超えると贈与税がかかることを理解した。また，相続時精算課税をいったん選択すると，あとで暦年課税に変更することができなくなる。そして相続時精算課税は相続発生の日の時点での相続人の財産に組み込まれることになり，相続時精算課税は相続税の一部であることがわかった。また相続時精算課税を適用した場合，その時点での評価額が相続税申告時の評価額となる。建物の価値は減価していくので，相続時精算課税適用よりも相続発生時後の財産譲渡が有利であることがわかった。
・贈与税には特例があり，結婚後20年以上経過した夫婦間の贈与には2,000万円まで贈与税がかからないことがわかった。しかしこの所有権移転登記を行うと，不動産取得税の支払及び司法書士への支払費用が生じることがわかったので，その時点では財産を動かさないことにした。

イ．しかし，父は財産分与の意思を妻と子供たちに伝えたいと思い，妻と子供たちに対し，相続発生後のそれぞれの財産の持分を云い聞かせた。妻も子供たちも了承した。

＊この時，父は，相続税法上，妻に財産の２分の１を持たせる，或いは妻に相続させた

場合相続税額1億6,000万円までなら妻の相続税額が0円になる，ことを念頭においた。これを念頭においていないと，大変な納税額が生じるかもしれないからである。

ウ．父が入院し，医師から余命を宣告されたので，長男は医療費の支払い・葬式にかかる費用を見込んで，父の銀行口座のキャッシュカード利用で300万円引出した。

エ．数日後，相続発生の日となった。

　　長男が引出した300万円によって，父の預金口座残高が300万円減少しているが，長男が引出した300万円は父の相続財産に加算される。これは相続発生の日の前7年間の贈与は相続財産に加算される規定による。

オ．葬儀の日

　　妻は葬式にかかる費用は領収書をとっておくようにした。葬式にかかる費用は相続税法での相続財産の額から控除されるためである。

カ．被相続人父の相続発生の日現在の全ての財産・負債をリストアップした。

キ．このリストアップに基き，亡き父の遺志に従い，相続人である妻と子供たちが「遺産分割協議書」を作成した。

ク．「遺産分割協議書」に基き，父の銀行預金残高を家族の個人口座に振り替えた。また，土地・建物の所有権移転登記を司法書士に依頼して済ませた。

ケ．相続発生の日から4か月以内に，被相続人の所得税の「準確定申告」を相続人連名で行った。納税は連帯責任であるから，これにかかる納税を妻の資金で行った。

コ．相続発生の日から10か月以内に，相続税の申告を行った。

　　期限内申告であるから，特例を適用し，妻の納税額をゼロにした。

＊相続発生の日から10か月以内に，相続税の申告を行うことによって，相続税法上の多くの特典（税額の減少）を得ることになる。

サ．関与税理士の話によると，相続税の税務調査は税務申告後数年たって行われることが多いとのことで，相続に関係する書類を整理して保管した。

　上のモデルで見てきたように，相続税法は被相続人・相続人の思惑，民法総則編との関係に密接に結びついたものである。被相続人の相続人に対して少しでも多くの財産を贈与したいという，すなわち相続人の少しでも納税額を減少させたいという，節税の視点は当然である。相続税においては，相続が発生する前に，相続税法が相続税・贈与税という形で相続前の納税者の判断に入り込んでいるため相続発生前に被相続人は十分な計画を立てて相続人間の理解と納得のもとに節税計画をなすことが重要となる。

## 8．相続税税務会計

　ここでは納税者の視座から相続税の実務について，すなわち相続税税務会計について，　税務申告の際に誤りの多い事項を中心に解説する。税務申告して納税する納税者の立場から確認しておく必要性が高いと考えられるものは，以下のとおりである。

### (1) 申告書第1表関係：2割加算の対象
　1）相続人の兄弟姉妹が相続した場合
　相続または遺贈，相続時精算課税に係る贈与により財産を取得した者が，被相続人の一親等の血族（親と子に加えて，相続税法上は代襲相続人となった孫などの直系卑属を含む）及び配偶者以外の人である場合には，その者の相続税額は，その相続税額の2割に相当する金額を加算した金額，いわゆる「2割加算」の対象になる[12]。しかし兄弟姉妹は，被相続人の法定相続人であるので，2割加算の対象とならないと誤って判断したことから，申告書第1表の「⑪相続税額の2割加算が行われる場合の加算金額」欄に記入することを失念した過少申告事例が散見される。

---

12　国税庁「事例①被相続人の兄弟姉妹が相続した場合（2割加算①）」『相続税の申告書作成時の誤りやすい事例集』https://www.nta.go.jp/taxes/shiraberu/sozoku-tokushu/souzoku-ayamarijireishu29.htm，最終閲覧日2021年12月1日。

２）被相続人の孫が相続した場合

　相続または遺贈，相続時精算課税に係る贈与により財産を取得した者が，被相続人の孫養子（代襲相続人である孫養子を除く）である場合に，被相続人の養子となった孫は被相続人の一親等の血族であるので，２割加算の対象とならないと誤って判断したことから[13]，申告書第１表の「⑪相続税額の２割加算が行われる場合の加算金額」欄に記入することを失念した過少申告事例が散見される。

## (2) 申告書第9表関係：生命保険金

　生命保険会社から死亡保険金の支払いと被相続人が支払った前納保険料の払戻を受けた場合，みなし相続財産とされる保険金には，死亡保険金とともに払戻を受ける前納保険料も含まれる[14]。だが納税者が前納保険料の払戻は保険金の支払いではないと誤って判断したことから，前納保険料の払戻額を申告書第9表「生命保険金などの明細書」の受取金額に記載せず税務申告する事例が少なくない。

## (3) 申告書第11表関係：名義預金の申告漏れ

　相続人名義の預貯金でも被相続人がその銀行口座に資金を拠出していたことなどから被相続人の財産と認められるものは，その名義にかかわらず，相続税の課税対象になる[15]。ところが申告書第11表「相続税がかかる財産の明細書」には，被相続人名義の財産だけを記入した過少申告事例が少なくない。

---

13　国税庁「事例②被相続人の孫が相続した場合（２割加算②）」前掲，最終閲覧日2021年12月１日。

14　国税庁「事例⑤生命保険金とともに払戻しを受ける前納保険料（みなし相続財産）」前掲，最終閲覧日2021年12月１日。

15　国税庁「事例⑥被相続人以外の名義の財産（預貯金）」前掲，終閲覧日2021年12月１日。

## （4）申告書第14表関係：債務控除

被相続人が死亡したときにあった債務で確実と認められるものは，相続財産の価額から差し引くことができる。しかし被相続人の住宅ローンであっても団体信用生命保険契約に基づき，その返済が免除される場合には，後日，被相続人の死亡により支払われる保険金によって補填されることが確実であり，そのため相続人が支払う必要のない債務である[16]。それにも関わらず当該住宅ローンの残高を申告書第14表「債務及び葬儀費用の明細書」に記入する誤申告が散見される。

## （5）財産評価明細書関係：土地及び土地の上に存する権利

相続財産の評価額については，「財産の価額は，時価によるものとし，時価とは，課税時期において，それぞれの財産の現況に応じ，不特定多数の当事者間で自由な取引が行われる場合に通常成立すると認められる価額をいい」（総則1項），その価額は財産評価基本通達の定めによって評価した価額によるものとされている。

しかし，たとえば被相続人が相続税対策として相続税の軽減を意図して取得した不動産の財産評価を財産評価基本通達の定めによって評価した価額で税務申告するときには，この財産評価基本通達に定める評価方法を画一的に適用するという形式的な平等を貫くことによって，相続税の目的に反し，かえって実質的な租税負担の公平を著しく害することが明らかであると認められるならば，「この通達の定めによって評価することが著しく不適当と認められる財産の価額は，国税庁長官の指示を受けて評価する」（総則6項）ことに実務上，留意しなければならない。

---

16　国税庁「事例⑬団体信用生命保険契約により返済が免除される住宅ローン」前掲，最終閲覧日2021年12月1日。

# 追　補

## 1．税法能力検定

　継続的事業体は独自の組織を持っており，税務会計を行う部署もさまざまである。税務会計を担当する者が必ずしも税務会計の知識を持っているとは限らない。税務会計を担当する人の多くは，税務会計の知識を独学或は職場で習得していく。また，その規模が小さい等の理由で，企業内で税務会計の処理をなしえない企業は，会計事務所や税理士事務所等の税理士に税務会計業務を依頼することになる。

　税務会計の知識や技能が必要な部署や業務に携わる人達が基礎から税務会計の実力を身に付けていくうえで有用なものとして，公益社団法人全国経理教育協会が主催する所得税法能力検定試験・法人税法能力検定試験・消費税法能力検定試験がある。これらの能力の習得は継続的事業体においてなされる税務会計の基本的能力を養うために有用であろう。また一般的にこれらの税への学習を希望する人達にも有用であろう。

## 2．税法及び税務会計への学習

　所得税法・法人税法及び消費税法等の申告納税の税法及び税務会計については簿記・会計がその基礎となるため，所得税法及び所得税税務会計の理解のためには初歩の簿記の知識と技法の習得が必須となる。また法人税法及び法人税税務会計の理解のためには進んだ簿記の技法の習得が必須となる。そして消費税税務会計の理解のためにも，簿記の理解と技法の習得が必要となる。すなわち，個人事業者では所得税法及び消費税税務会計が行われるが，初歩の簿記の

知識と技法の習得が個人事業者の消費税税務会計で必須となる。また，法人では法人税法及び消費税税務会計が行われるが，進んだ簿記の技法の習得が法人の消費税税務会計で必須となる。

　一方，その他の税法及び税務会計の学習においては，簿記・会計の思考を切り離して，純粋に税法令条文の文理解釈及び立法主旨に従うものとなることには注意が必要である。

　また税務会計は税法の規定の枠の中で行われるものであり税法の正確な理解が当然必要であるが，税法を理解する方法のひとつに，税務申告書のフォームを理解することがそれぞれの税法の全体像を把握することに役立つ。

## 3．研究に際しての資料収集について

　インターネットでの文献検索では，信頼できる情報を入手することが大事である。また，文献収集に際して注意すべきは税法が毎年のように改正されるので古い税法にしたがって述べられている書物等には注意が必要である。これらの点で国税庁のホームページ内の情報は有用である。

〔参考文献（暦年順）〕

1. 増田英敏・林仲宣『はじめての租税法』成文堂，2011（平成23）年。

2. 増井良啓『法学教室LIBRARY 租税法入門』有斐閣，2014（平成26）年。

3. 増田英敏『基本原理から読み解く 租税法入門』成文堂，2014（平成26）年。

4. 岸田貞夫・吉村典久・柳裕治・矢内一好『基礎から学ぶ現代税法 第2版』財経詳報社，2015（平成27）年。

5. 菊谷正人・依田俊伸・井上行忠・酒井翔子『租税法入門』同文舘，2016（平成28）年。

6. 木山泰嗣『教養としての「税法」入門（第3刷）』日本実業出版社，2017（平成29）年。

7. 岡村忠・酒井貴子・田中晶国『租税法』有斐閣，2017（平成29）年。

8. 土屋重義・沼田博幸・廣木準一・下村英紀・池上健『ベーシック租税法（第2版）』同文舘，2017（平成29）年。

9. 三木義一『よくわかる税法入門〔第13版〕』大蔵財務協会，2019（平成31）年。

10. 川田剛『〔十六訂版〕租税法入門』大蔵財務協会，2020（令和2）年。

11. 佐藤修二『租税と法の接点 租税実務におけるルール・オブ・ロー』大蔵財務協会，2020（令和2）年。

12. 成道秀雄監修 坂本雅士編著『現代税務会計論第5版』中央経済社，2022年。

13. 金子宏『租税法〔第24版〕』弘文堂，2021年。

14. 金井恵美子『令和3年分　演習消費税法』清文社，2021（令和3）年。

15. 税務大学校『法人税法 基礎編 令和5年度版』，https://www.nta.go.jp
最終閲覧日：2023（令和5）年11月23日。

16. 税務大学校『税法入門 令和5年度版』，https://www.nta.go.jp
最終閲覧日：2023（令和5）年11月23日

## 〔出　所〕

　本書は，濵沖2015を大学での「税法学」科目及び「税務会計論」科目の教科書（テキスト）として利用できるように組みなおし，新たに稿を起こし，全体を整理したものの新訂版である。すなわち濵沖2015では会計学における「税務会計論」の学問的位置づけを大局的に論じ，「税務会計論」の中身を説明したあと個別税務会計を説明したものであるが，本書は，課税の本質を扱う「租税論」，税の法令を考察する「税法学」と「税務会計論」との関係を記したものである。内容的に重なる個所があるので，濵沖2015での文面を整理して，或は書き直しをして，またはそのまま本書で記されている箇所があることをおことわりしておきたい。

1．第3章1．及び2．は濵沖2015の57〜64ページを整理したものである。

2．第4章1．〜第6章2．(3)は濵沖2015の98〜119ページを書直したものであるが，記述の大部分が法令である。

3．第7章1．〜第9章9．(3)は濵沖2015の117〜142ページを書直したものであるが，記述の大部分が法令である。

4．第10章は濵沖2015の145〜151ページを書直したものであるが，記述の大部分が法令である。

5．第11章は濵沖2015の153〜161ページをまとめたものである。

6．追補1．及び2．は濵沖2015の222〜223ページを書直したものである。

　　濵沖2015と本書とで重なる項目については，基本的に濵沖2015で共同執筆された先生方の担当箇所を踏襲する形で本書においての該当箇所執筆していただき，著作権上問題無いようにしている。一部執筆担当を交代していただいた箇所もあるが先任者の著作権を犯すことの無いような配慮をしていただいた。また濵沖2015で共同執筆している箇所においても，実際に執筆した者が本書で執筆しているので問題はない。また，多く法令を記している箇所で濵沖2015と本書が重なっているが，著作権法上，法令には著作権は生じないので問題はない。

〔執筆分担〕

濵沖　典之：第Ⅰ部，
　　　　　　第Ⅱ部【第 4 章～第 7 章，第 8 章（岡部勝成と共同），第 9 章 5．～12.
　　　　　　（岡部勝成と共同），第10章，第11章，第13章20.，第14章 7．，
　　　　　　追補 1．2．（岡部勝成と共同）・3．】

岡部　勝成：第Ⅱ部【第 8 章（濵沖典之と共同），第 9 章 5．～12．（濵沖典之と共同），
　　　　　　追補 1．2．（濵沖典之と共同）】

中西　良之：第Ⅱ部【第12章，第13章13．～18．】

松実　　明：第Ⅱ部【第 6 章 2．(4)，第 9 章13.，第13章19.，第14章 8．】

宮崎　裕士：第Ⅱ部【第14章 1．～ 6．】

174

# 索　引

176

〔共著者紹介〕

**岡部　勝成**（おかべ　かつよし）：広島大学大学院社会科学研究科博士課程後期修了：
博士（マネジメント），日本文理大学・経営経済学部教授・図書館長・進路開発副セ
ンター長・産学官民連携推進副センター長・評議員，岡山理科大学大学院及び経営学
部教授を経て，
現在：九州共立大学大学院及び経済学部教授，税理士，日本企業経営学会常任理事，
　　　特定非営利活動法人包括球学術集会理事。

**中西　良之**（なかにし　よしゆき）：北海道大学大学院経済学研究科博士後期課程単位
取得退学，国税庁，財務省，税務大学校，金沢星稜大学准教授を経て，
現在：北海商科大学教務センター長・商学部教授，日本企業経営学会理事，国際公会
　　　計学会理事，中小企業会計学会理事，日本税法学会理事，日本会計研究学会北海
　　　道部会監事，北海道税理士会審議室委員。

**松実　明**（まつみ　あきら）：上智大学大学院文学研究科新聞学専攻博士後期課程修
了：博士（新聞学）
現在：中央学院大学商学部非常勤講師，税理士，日本企業経営学会理事，日本メディ
　　　ア学会・情報通信学会・日本スポーツ産業学会会員。

**宮崎　裕士**（みやざき　ゆうじ）：熊本学園大学大学院商学研究科博士課程修了：
博士（商学）。
現在：熊本学園大学大学院会計専門職研究科准教授，日本企業経営学会理事，国際公
　　　会計学会理事・幹事，日本会計教育研究学会幹事，税務会計研究学会・日本税
　　　法学会・日本租税理論学会・租税法学会・日本会計研究学会・日本会計教育学会
　　　会員。

〔編著者紹介〕

濱沖　典之（はまおき　のりゆき）：1957（昭和32）年 2 月　広島市にて出生。
青山学院大学経営学部卒業，広島修道大学大学院経営学専攻博士後期課程単位取得，
呉（現広島文化学園）大学大学院社会情報専攻博士後期課程修了，濱沖会計事務所所
長，東京国税局委嘱国税モニター，中央学院大学商学部長（第15・16・17代）・同大
学図書館長・同大学院商学研究科長（第 8 ・ 9 代）・同大学学長代行，学校法人中央
学院評議員・理事，立教大学兼任講師，高崎経済大学大学院（修士及び博士課程）及
び経済学部非常勤講師，明星大学大学院非常勤講師，経営関連学会協議会副理事長，
千葉税務研究所（千葉県税理士会）研究員を経て，
現在：日本企業経営学会副会長（前理事長），日本産業経済学会顧問（元会長），中央
　　　学院大学大学院商学研究科長（第10代）・同大学院商学研究科及び商学部教授，
　　　租税法・税務会計論専攻，博士（学術），税理士（登録期間33年 7 か月）。
著書：（編著）『税法学・税務会計論の要点―租税論をふまえての現代税現象の解明―
　　　　〔初版〕及び〔改訂版〕』五絃舎，
　　　（編著）『税務会計論』五絃舎，
　　　（単著）『法人税における減価償却費の史的研究』泉文堂，
　　　（単著）『税務会計入門』泉文堂，
　　　（共著）『税務会計の基礎』創成社，
　　　（編著）『最新簿記原理―企業の取引処理―』同文舘，
　　　（共著）『簿記会計の基礎』税務経理協会，他。

# 税法学・税務会計論の要点
### ―租税論をふまえての現代税現象の解明 ―

2019年4月5日　初版発行
2022年4月15日　改訂版発行
2024年4月5日　新訂版発行

編著者：濵沖　典之
発行者：長谷　雅春
発行所：株式会社 五絃舎
　　　　〒173-0025　東京都板橋区熊野町46-7-402
　　　　TEL・FAX：03-3957-5587
検印省略　　ⓒ　2024 Hamaoki Noriyuki
組版：Office Five Strings
印刷・製本：モリモト印刷
Printed in Japan
ISBN978-4-86434-178-3